# 京王沿線の近現代史

永江雅和

## 目次





C リブレ　No.6

# 京王電鉄路線図

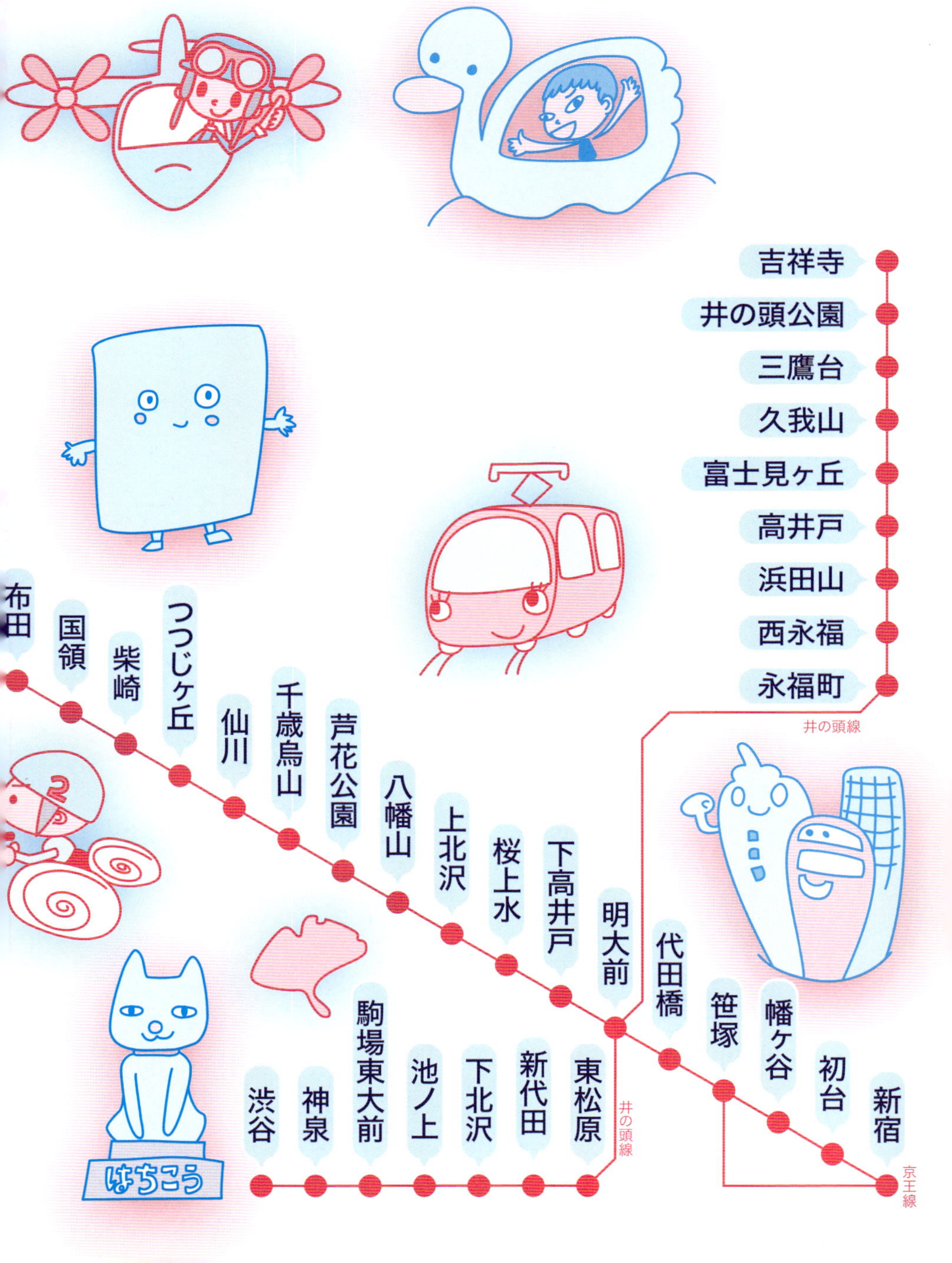

吉祥寺
井の頭公園
三鷹台
久我山
富士見ヶ丘
高井戸
浜田山
西永福
永福町
井の頭線
布田
国領
柴崎
つつじヶ丘
仙川
千歳烏山
芦花公園
八幡山
上北沢
桜上水
下高井戸
明大前
代田橋
笹塚
幡ヶ谷
初台
新宿
京王線
東松原
新代田
下北沢
池ノ上
駒場東大前
神泉
渋谷
井の頭線
はちこう

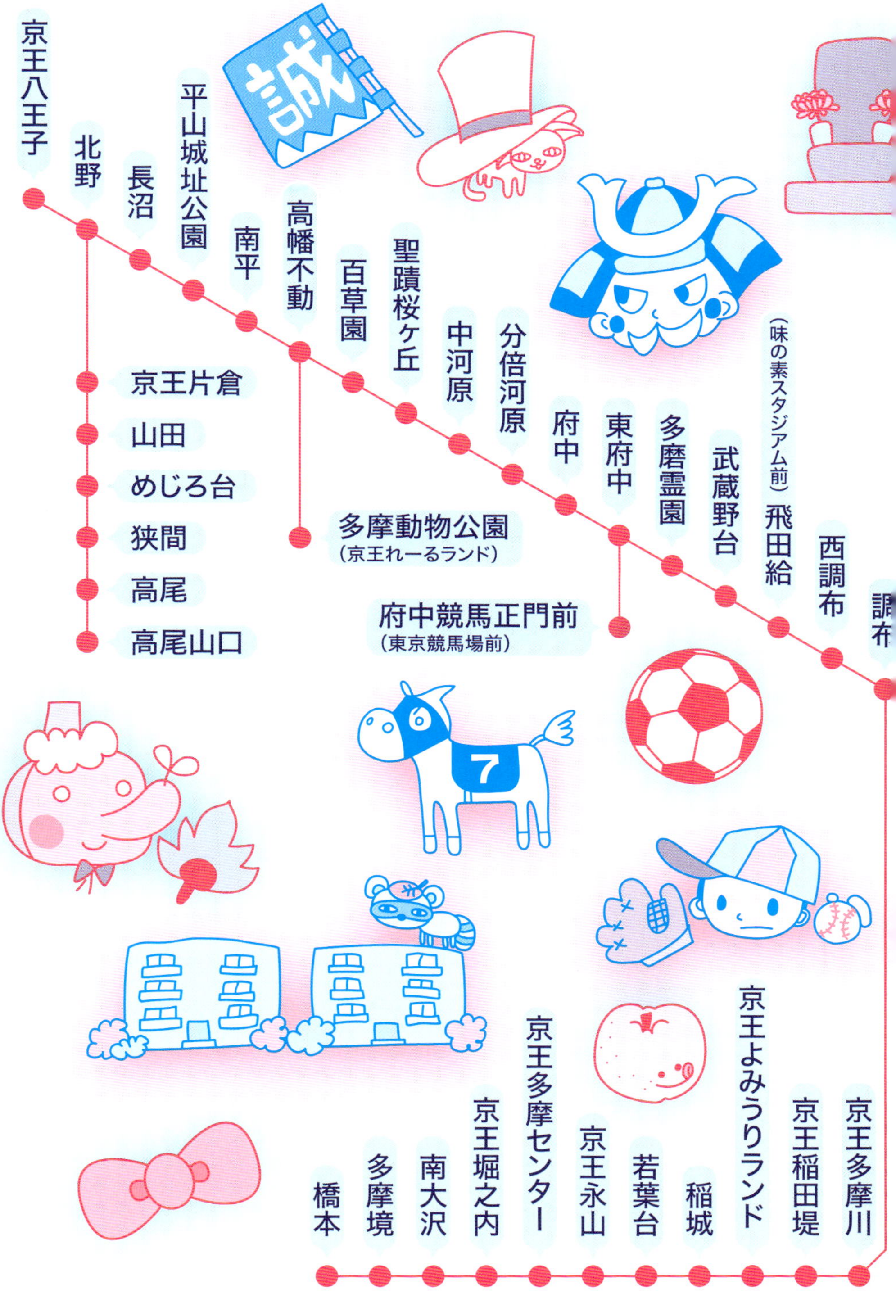
京王八王子
北野
長沼
平山城址公園
南平
高幡不動
百草園
聖蹟桜ヶ丘
中河原
分倍河原
府中
東府中
多磨霊園
武蔵野台
(味の素スタジアム前)飛田給
西調布
調布
京王片倉
山田
めじろ台
狭間
高尾
高尾山口
多摩動物公園
(京王れーるランド)
府中競馬正門前
(東京競馬場前)
京王多摩川
京王稲田堤
京王よみうりランド
稲城
若葉台
京王永山
京王多摩センター
京王堀之内
南大沢
多摩境
橋本
誠
7

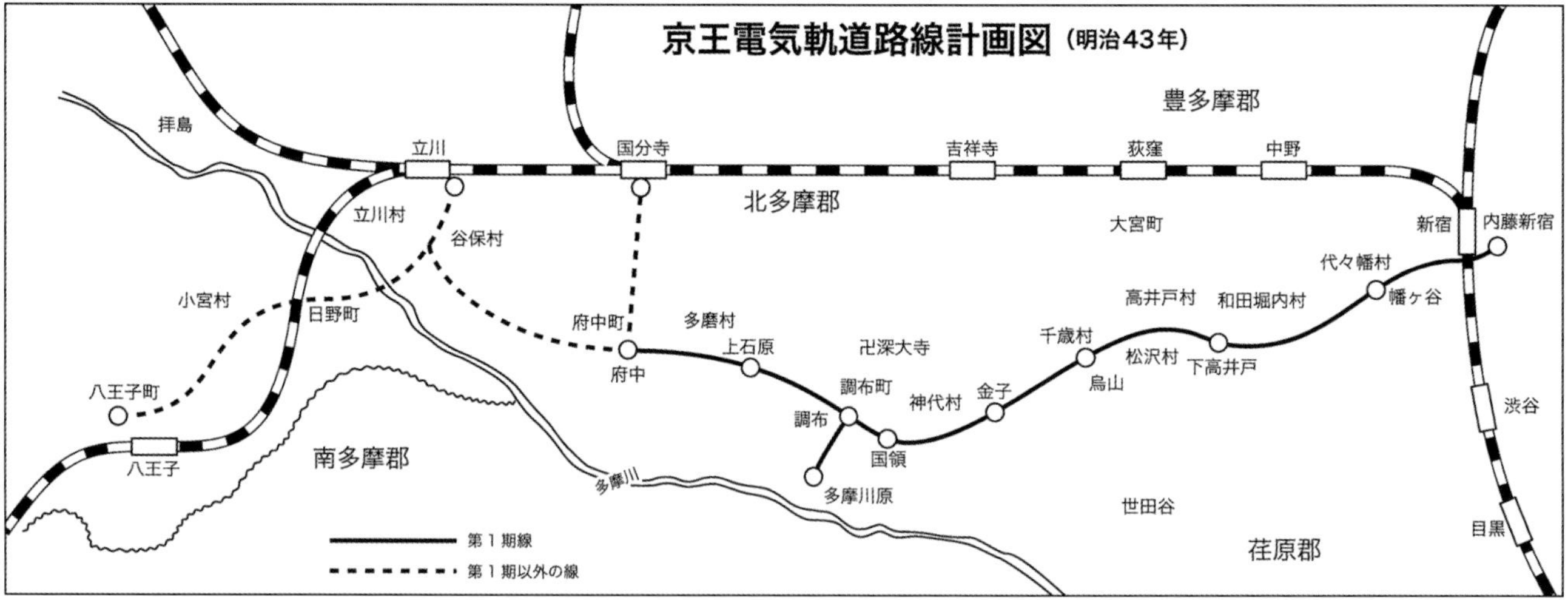

『京王帝都電鉄30年史』より

# 第一章　京王沿線の歴史を知るためのキーワード

甲州街道京王線線路とガスタンク（写真提供：新宿歴史博物館）

2010系 京王れーるランド

## 徳冨蘆花の描いた京王線建設の槌音

「東京が大分《だいぶ》攻め寄せて来た。東京を西に距《さ》る唯三里、東京に依って生活する村だ。（中略）東京で瓦斯《ガス》を使う様になって、薪《まき》の需用が減った結果か、村の雑木山が大分拓かれて麦畑になった。（中略）筍が儲かるので、麦畑を潰して孟宗藪にしたり、養蚕の割が好いと云って桑畑が殖《ふ》えたり、大麦小麦より直接東京向きの甘藍《キャベツ》白菜や園芸物に力を入れる様になったり、要するに曩時《むかし》の純農村は追々《おいおい》都会附属の菜園になりつゝある。京王電鉄が出来るので其等を気構え地価も騰貴した。儂《わし》が最初買うた地所は坪四十銭位であったが、此頃は壱円以上二円も其上もする様になった。地所買いも追々入り込む。（中略）要するに東京が日々攻め寄せる。」[1]。

この文章は文学者徳冨健次郎（蘆花）の『みみずのたはこと』の冒頭近くにある一節です。第四章でも述べますが、蘆花は一九〇七年（明治四〇）土に親しむ生活に憧れ、東京市内の青山から北多摩郡千歳村粕谷（現世田谷区粕谷）の地に移り住みます。現在こそ高級住宅地である粕谷の地ですが、当時は水道すらない近郊農村でした。しかしこの地に鉄道が敷設されるようになると、のどかな農村の風景と生活は徐々に変貌し、雑木林は切り開かれ、農家の生産物は都会向けの蔬菜類へと変化し、また土地は坪単位で取引され、価格は高騰してゆくのです。都会を逃れてこの地に来た蘆花にとって、鉄道工事の槌音は自らに追いすがる「都会の足音」と捉えられたのでしょう。

本書は関東の大手鉄道会社のひとつである京王電鉄沿線の歴史を繙《ひもと》いてゆくことを目的としています。蘆花のエピソードで紹介しましたように、日本の鉄道、なかでも民間の鉄道会社（以下「私鉄」と呼びます）は沿線地域の開発を通じて近郊地域の発展に影響を与えていったことが知られています。以下本書では鉄道敷設を通じた沿線地域変貌の歴史を描きたいと考えていますが、そのためには京王電鉄が、どのような成り立ちを持つ鉄道であったのかを、お話しする必要があると思います。

## 甲州街道に沿って走る線路

京王電軌のルーツは一九〇五年（明治三八）一二月に蒲田〜玉川〜狛江〜調布〜府中〜立川間と新宿〜神代〜府中間に二本の電気鉄道敷設を出願した日本電気鉄道株式会社に求められます。同社は翌年八月に武蔵電気軌道株式会社と改称し出願中の路線を変更し、一九〇七年六月に新宿〜府中〜立川〜八王子間、府中〜国分寺間、立川〜立川停車場間の免許を得ました。一九一〇年には資本金一二五万円をもって正式に京王電気軌道株式会社（以下京王電軌）が設立されます[2]。「京王」という社名は東京の「京」と、八王子の「王」の二文字から来ているのです。

新宿―八王子間の鉄道といいますと、現在のJR中央線が存在します。同線は一八八九年（明治二二）に新宿―立川間（同年八王子まで延伸）で開業した甲武鉄道をルーツとしていますが、同線は建設にあたり東京西郊の主要街道である甲州街道（や青梅街道）沿いを通ることを避け、武蔵野台地の上を中野から立川まで、ほぼ直線で接続する新線を建設しました。旧街道筋を避けた理由については、地元住民の反対があったことが原因であるという説と、同鉄道が馬車鉄道から蒸気鉄道に変更されたことにより、平坦地を選択することの重要性が高まったことによる技術的問題であるとする説が存在しますが[3]、いずれにせよ、開業後の甲武鉄道沿線の発展をみた調布や府中など、甲州街道沿線地域の住民が鉄道誘致に積極的になったことは間違いありません。京王電気軌道が甲武鉄道の南方を甲州街道（現国道二〇号線）と併走するように走っていることはこのような事情によるものです。

## 路面電車であった京王線

京王電軌は軌道法という法律に準拠して敷設されました。軌道法とは路面電車設置のために用いられることの多かった法律であり、京王電軌も構想として甲州街道の道路上を走る路面電車として計画されました。少し細かいことをいいますと、軌間も東京市街鉄道（後の東京市電の一部）と同じ一三七二ミリゲージを採用しています。これは市電との相互乗り入れを念頭に置いたものであったかもしれません。路面電車のメリットは公道上を走ることにより、用地買収費を抑制できる点にあったと思われますが、現実には沿線住民の反対によって甲州街道上を走行した区間は新宿等の一部区間に限られました。さらに路面電車としての開業は、その後の京王の経営に大きな困難をもたらしたように思われます。その主な点は交通渋滞問題と高速化対応です。東京西郊の発展は京王沿線の発展でもありましたが、それは交通渋滞問題の深刻化を意味していました。また路面電車は専用軌道を持つ他の競合路線（国鉄ＪＲや小田急線等）に比べ、どうしても走行速度＝輸送効率で劣ってしまいます。個別の事例につきましては、後の章でくわしくお話ししますが、道路上を走行し、また頻繁に道路と交差する形で設置された京王線はその後、道路との交差を回避する形で路線変更や地下化・高架化を強いられてゆきます。これらの工事費は京王の経営に大きな負担を生じさせましたし、沿線住民にとっても路線や駅の変更が頻発することは様々な影響を与えたものと考えられます。

## 副業としての電灯・電力事業と貨物輸送

日本の私鉄は、鉄道事業だけではなく、副業として沿線開発事業を展開することによって総合的収支の改善を図ることが多かったことが知られています。[(4)] 京王の副業展開については三つの特徴を述べることになると思います。ひとつは戦前の京王の経営において電灯・電力事業と貨物事業の重要性が大きかったということです。電鉄会社が余剰電力を販売することは当時珍しいことではありませんでしたが、京王の場合、配電用の電力・電灯事業を電車の開業に先行して、電車用電力とは別個に発電して供給した点に特徴がありました（後に発電からは撤退）。この電灯・電力事業は戦前京王の副業として最も重要な収益をもたらす部門として経営上大きな利益をもたらしたとともに、沿線地域に交通の利便性に加え、電灯・電力の供給というインフラを並行して整備する役割を果たしました。後の章でも沿線地域に対する交通上の影響のみならず、電灯・電力事業が与えた影響についても述べてゆきたいと思います。

ふたつ目は貨物事業です。鉄道事業の一環ですから厳密には副業とは言えませんが、京王をはじめとする東京西郊の私鉄の多くに共通する点として言及しておきたいと思います。京王の貨物輸送は事実上多摩川の川砂利の輸送を目的としたものであり、そのことは会社設立の趣意書にも記されています。明治期から昭和の高度成長期にかけて、多摩川の川砂利は貴重な建設資材でした。その傾向は関東大震災の復興や、高度経済成長期の首都圏の都市化のなかで促進されてゆきました。京王は調布から府中間にかけて川砂利の採掘・輸送事業を行い、電灯・電力事業程ではありませんが、重要な収益の一角としました。ただ多摩川河畔については、観光資源としても重視されていましたので、開発と観光のバランスの調整が求められることとなりましたし、こうした鉄道会社をはじめとする砂利採掘事業は、多摩川沿岸の地域経済や景観にも大きな影響を与えることとなります。

三点目は沿線の住宅開発です。日本の私鉄産業は、沿線の宅地開発による不動産事業収入や沿線住民の増加による運賃収入の増加に取り組んできた点に歴史的特徴があります。京王の場合、戦前期には甲州街道沿いという比較的市街地化の進んだ地域に路線を敷いたことや、その後の資金不足により、同業他社に比べ沿線開発が消極的であった印象を受けますが、戦後になると調布や多摩、八王子といった地域で積極的かつ大規模な宅地開発を展開します。

## 玉南電鉄と帝都電鉄

ここまで主に、京王電鉄の話をしてきましたが、現在の京王電鉄は京王電軌に加えて幾つかの企業の合併・統合を経て今日に至っています。なかでも玉南《ぎょくなん》電気鉄道と帝都電鉄の二社は重要です。玉南電気鉄道は現在の京王線の府中～東八王子（現京王八王子）までで開業した鉄道会社です[5]。経営陣は京王電気軌道との関わりが強く、主として資金調達や政府からの補助金獲得上の目的で別会社として設立された路線ではありますが、そのために京王電軌の当初計画とは異なり、甲州街道とは大幅に異なるルートを辿る専用軌道として建設されました。ですから府中以西の京王線には「甲州街道沿いの路面電車」という前述の表現は当てはまらなくなります。

さらに性格が異なるのは井の頭線です。今日では京王線の重要な一部をなす井の頭線が創業したのは一九三三年（昭和八）から四年のことです。同線は元々小田原急行鉄道の創業者でもある利光鶴松が社長を務めていた帝都電鉄を母体としており、どちらかと言えば小田急系列に属する会社でした。[6] しかしその後戦時期に京王、小田急が東京急行電鉄に合併され、戦後再独立する過程で京王線と井の頭線は期せずして同一社内の路線となったのです。[7] 井の頭線という名称は東急時代に付けられた名称ですが、戦後の京王が「京王帝都電鉄」を名乗っていた（一九四八～九八年）のは井の頭線のルーツとなる帝都電鉄の名称を残したことに由来しています。その他にも京王は八王子の武蔵中央電気軌道や、複数のバス会社を統合して今日に至っています。

## 相模原線と多摩の開発

別会社ではありませんが、調布から分岐して橋本へつながる相模原線も、他とはかなり性格を異にする路線です。第八章でも詳しく述べますが、同線は戦後の首都圏への人口集中と、それに伴う住宅難に対応するため制定された首都圏整備法と、東京都の多摩ニュータウン計画に対応するために計画されたものでした。[8] 開発の中心は東京都や日本住宅公団（現都市再生機構）を中心とする公的セクターであったため、路線工事にあたって公的補助が供給された反面、沿線開発には強い制約がかかることになりました。従って相模原線沿線では京王自らによる大規模な宅地開発や観光施設は建設されていません。しかし戦後の京王は多摩ニュータウン地区が含まれる多摩市や八王子市の開発には非常に意欲的であり、本線沿いの桜ヶ丘住宅地（多摩市）、めじろ台住宅地（八王子市）など大規模な宅地開発を行っています。一九八八年に本社を聖蹟桜ヶ丘に移転したことも京王が多摩地域の開発を重視していることの一証左と言えるでしょう。

## 都内の通勤電車

今日の京王電鉄の特徴を端的に述べますと、「都内の通勤電車」となるのではないかと思います。相模原線の一部を除き、路線の殆どが東京都内を走り、営業距離の観点から見ても、同社の営業キロ数は八四・七キロメートルと関東大手私鉄のなかでも最短です。これは全ての路線が都心への通勤圏内であることを意味しています。日本の私鉄会社は阪急電鉄に代表されるように、沿線の住宅地開発、ターミナルデパート、観光地開発などを組み合わせて発展してきた歴史がありますが、京王電鉄に関して言えば、戦後沿線住宅地開発に力を入れる一方で、レジャー施設、観光地開発には、相対的にですが深入りしてこなかった印象があります。これは同じ関東私鉄の小田急電鉄や西武鉄道などのように、特急専用車両を導入してこなかった姿勢にも表れているように思います。コンパクトな路線のなかで、あくまでも通勤電車としての事業活動に集中してきた、というのが京王電鉄のカラーと言えるのではないでしょうか。

[註]

(1)徳富健次郎『みみずのたはこと(上)』(岩波書店、一九三八年)一八〜一九頁。

(2)京王電鉄株式会社広報部編『京王電鉄五十年史』(京王電鉄株式会社、一九九八年)四四頁。

(3)青木栄一『鉄道忌避伝説の謎』(吉川弘文館、二〇〇六年)七〇〜七七頁。

(4)たとえば拙著『小田急沿線の近現代史』(クロスカルチャー出版、二〇一六年)第一章。しかしこの議論は筆者に限らず、鉄道史では広く知られていることである。

(5)前掲『京王電鉄五十年史』四五頁。

(6)京王帝都電鉄株式会社総務部編『京王帝都電鉄30年史』(一九七八年)四一頁。

(7)前掲『京王帝都電鉄30年史』四五頁。

(8)前掲『京王電鉄五十年史』一四二頁。

# 第二章　副都心新宿の形成と京王線

中央公園から見た建設中の京王プラザホテル
（写真提供：新宿歴史博物館）

『京王帝都電鉄 30 年史』より

京王線の始発駅である新宿。東口の歓楽街に西口の高層ビル街、そして近年では南口方面の再開発が進み、日々その姿を変えてゆく大都会です。しかし新宿が東京の中核の一つになった歴史はそれほど長いものではなく、ここ一〇〇年程度のことに過ぎません。新宿の発展は京王線をはじめとする鉄道の発展と歩みと共にしてきました。本章ではその歩みをたどってみたいと思います。

## 鉄道の開通へと新宿の宅地化

新宿という地名は江戸時代の甲州街道の宿場、「内藤新宿」に由来します。甲州街道は日本橋から甲府方面へと向かう街道ですが、設置当初の第一の宿は高井戸であり、日本橋から距離があったため、一六九七年（元禄一〇）に浅草の名主喜兵衛らが宿場開設を願い出た結果、新たに内藤新宿が設置されました。「内藤」とは、当時の宿場の一部が高遠藩内藤家の敷地を用いていたことに由来します。

江戸時代から明治初期にかけての新宿の中心は四谷塩町通り（現四ッ谷駅付近）であったといいます。しかし後述する鉄道の敷設と新宿駅の設置により、その繁栄はしだいに角筈・追分（現新宿駅）付近に移ってゆきました[1]。一八八五年（明治一八）には現在の山手線が赤羽－品川間で開通。一八八九年には甲武鉄道（現中央線）が新宿―八王子間で開通しましたが、当時の新宿駅はもっぱら貨物輸送のための要請から設置された駅であったと言われており、旅客の乗降はまばらであったと言われています[2]。現在では考えにくいことですね。

新宿において最初に住宅地の開発が進んだのは大久保町付近であったと言われています。これは東京市街鉄道（一九一一年八月から市電となる）の路面電車が一九〇三年に日比谷〜新宿駅前まで開業したことと関係しています。居住者は軍人・官吏が多く、路面電車で通勤する人々が多かったのでしょう[3]。宅地化の進行と共に、住民を顧客とする商業者も新宿に集まってきました。一九〇七年には当時本郷にあったパン製造・販売店の中村屋が、新宿周辺の行商や配達が増加してきたことから同地への進出を決めたという話があります。中村屋は後年、多くの文化人を集めて、いわゆる中村屋サロンとして街に文化的影響を与えてゆくことになります[4]。また新宿駅前の果物屋であった高野商店も新しい住民層のニーズにこたえてゆくことにより、高級な洋果実を扱う西郊唯一の店舗として企業イメージを高めてゆくきっかけをつかんでゆきました[5]。

## 地元からの陳情書

京王電気軌道の開業は、笹塚－調布間が一九一三年に開業し、新宿－追分笹塚間の開業は一九一五年五月三〇日と二年間遅延することになりました。その原因は主に用地買収の困難にあったとされています。具体的にはどのような困難があったのでしょうか。この点を推測させる資料をひとつご紹介します。

一九一五年三月一九日付で千駄ヶ谷町新町裏住民一同と淀橋町角筈新町住民一同の連名で東京府知事宛に提出された陳情書では、京王電軌が「軌条ノ左右及中央共全部敷石ヲ布カス土壌砂利ヲ混シテ埋メ以テ電車通行ノ許可ヲ申請」したことと、軌道が甲州街道の南側に寄っており、線路南側の幅が七尺五〜六寸、北側幅が二〇〜二三尺となることを問題視し、その結果、レールが道路面より高く突出することにより、馬車等が線路を横断することが困難になり、左右の道幅が狭くなることにより、街道沿いの商店に車馬を停車することが困難になる結果、「是レ公有ノ道路ヲ電車専用ニ供スルト同一ナル結果ヲ生シ沿道市街住民ノ商業ヲ廃亡ノ所為」であると非難しています[(6)]。つまり路面電車の設置により、道路の横断が難しくなり沿道の商店にとって人の移動と馬車、荷車などの移動が妨げられ、商業活動に悪影響が出るという批判です。

この陳情書に対して東京府側では鉄道員技師を立会検査に向かわせましたが、「別に支障無之認メラレ候ニ付将来ノ監督ヲ厳ニスルヨリ他ニ方法無之」[(7)]と報告されており、結果としてこの陳情によって工事計画に変更が加えられることはなかったようです。しかしこうした陳情に代表される地元商業者、住民からの抵抗を一因として、同地域の開業は遅れることになったものと推測されます。また開業の後も、新宿付近の京王電軌の路線はカーブが多くなり、運行速度に支障が出た結果、戦後の地下化が構想されることとなりました。

## 京王電気軌道の開業とターミナルデパート

一九一五年五月三〇日、追分交差点を起点にして、京王電車が開通しました。現在の京王線はＪＲ新宿駅西口側に駅がありますが、当時は単線の専用渡線橋を渡って追分、つまり現在のＪＲ駅東側の新宿三丁目付近に始発駅があったのです。現在の新宿駅南口正面の道路がその陸橋であるわけですが、かつてはこの路上を京王線の路面電車が走っていたと想像すると不思議な気持ちになりますね。

また路面電車としての京王当初の性格上、創業当初の新宿付近の駅数は今日より多く、現在の新宿区内の駅としては始発駅の「新宿追分」のほか、「停車場前（一九三七年に「省線新宿前駅」と改称）」、「葵橋」、「新町」という駅がそれぞれ存在しました（一三頁の図参照）。これらの駅は新宿駅そのものの移転や、アジア太平洋戦争中の大東急時代に順次姿を消し、今日では新宿区内の駅は新宿駅ひとつとなっています。

京王電軌は始発駅の追分に京王ビルを完成させ、二階から上を新宿松屋デパートとして開業しました。これは今日におけるターミナルビルの草分け的存在となります[8]。その後、新宿には三越（一九二三年）、ほてい屋（一九二五年）、松屋（一九二九年）、二幸（一九三〇年）、伊勢丹（一九三三年）が次々と新宿に進出し、百貨店激戦区となってゆきます[9]。ただし松屋は京王電軌とは別会社であり、京王が百貨店経営のノウハウを持っていたわけではありません。この点は戦後の京王百貨店が開業にあたり高島屋と提携したことの前史となっています。新宿松屋デパートの内部には新宿パラダイスという飲食街が設けられており、昼間から各店にネオンが輝く派手やかな飲食店街であったと言われています。[10] 現在の百貨店にも存在するレストラン街のはしりであったと言えるでしょう。京王電車はここを出発駅として路面電車で府立六中（現在の都立新宿高等学校）前を通り、新宿南口の陸橋を渡って、初台、調布方面へと向かいました。当時の駅は路面電車であったことから主要駅を除くと無人駅であり、切符は車内で車掌さんから購入する方式であったそうです。六中の生徒達がこの電車で芦花公園の農園に向かい、農業実習を行ったということもあったそうです。[11]

京王線ターミナル駅が作られた新宿二丁目付近には太宗寺があり、京王線開業によって沿線から電車に乗って初詣に来る参拝客が増加するようになったといいます。境内には映画館や芝居小屋も作られ、周囲のお店は正月はお店を閉められないほどの賑わいをみせたそうです。京王線も大みそかには昼夜運転で運行し、太宗寺から明治神宮へと人の流れが生じるようになりました。[12]

## 関東大震災被害と新宿の発展

一九二三年（大正一二）九月一日に関東地方を襲った関東大震災は、東京をはじめとする関東地方に大きな被害を与えました。しかし結果として新宿をはじめとする東京西郊部に関しては、この震災によって人口が流入する現象が起こりました。その理由は震災被害が東京東部に比べ、西部地区が相対的に軽微であったことによります。被害は四谷区の焼失割合が一パーセント、牛込区が二パーセントと、当時の東京市一五区の平均四二パーセントと比べると相対的に軽微であり[13]、被害の多かった東京市東部から人口の流入が発生したのです。しかし当時新宿の中心部であった四谷区、牛込区では既存住民によって人口が飽和状態に達していたため、震災後の開発は郊外にあたる淀橋方面、新宿駅西側方面で進められることとなりました[14]。

震災の結果、東京西郊の開発が急速に進み、ターミナルとして新宿の発展がもたらされることになりました。これに伴いミルクホール、カフェー、喫茶店、映画館といった娯楽・文化施設が集積してゆき、モダンな都市文化を形成してゆきます。なかでも一九三一年に設立された大衆劇場ムーラン・ルージュは新宿を代表する文化拠点として有名になりました。また中村屋がインドカリーを販売し、高野商店がフルーツパーラーを名乗り出したのもモボ・モガに代表される大正モダン時代の風物でありました[15]。同地には当時の新しい文化を求めて、中央線、山手線、そして新設された京王線に乗車して二駅、三駅を超えて人びとが集まるようになっていったのです。

新宿のもう一つの顔である、歓楽街も震災により大きな影響を受けました。内藤新宿は元々甲州街道の宿駅であったわけですが、位置的には江戸に近く、宿駅としてより歓楽性の高い宿であったとも言われています。幕末の混乱が過ぎた後、かつては建前としては「旅籠」であった遊郭が貸座敷として再出発し、明治中期には江戸時代の繁栄を取り戻したとされています。[16]この遊郭街は一九二一年の新宿大火により、現在の二丁目、新宿大通りの裏手に集団移転し、大通りの街景からは姿を消したものの、その後の関東大震災により、東京東部の歓楽街であった吉原、洲崎が壊滅的被害を受けた結果、東京随一の歓楽街としての地位を得ることとなってゆきました。

震災により京王線の陸橋にも補強が必要となりました。震災後の新宿駅の大改造（一九二五年五月完成）に伴い、京王線は当時の鉄道省と費用折半で甲州街道の陸橋を西に延長し、鉄筋コンクリートの橋に改造します。新陸橋には京王電車の複線が敷かれ、それまでの「停車場前」と「葵橋」の二停留所は廃止され、新設の新宿駅南口前に「新宿駅前」停留所が新設されました。装いを新たにした新しい陸橋は、新宿の新奇な景観として注目を集めることとなりました。[17]

## 東新宿から西新宿へ

アジア太平洋戦争では新宿駅付近も米軍の空襲により、大きな被害を受けることとなりました。その過程で、京王線（当時は東急電鉄に合併されていますが）は、始発駅を新宿追分から新宿駅西口側に移転することになりました。理由は新宿市街地や国鉄線路、新宿陸橋が爆撃された場合の混乱を避けるためだったそうです。[18]また空襲により天神橋変電所が被害を受け、陸橋を超える電圧を維持することが難しくなったことも原因であったとされています。[19]一九四五年（昭和二〇）七月には京王始発駅が新宿三丁目の京王本社ビルから西口に移転し、京王帝都電鉄の独立に伴い、一九四九年一〇月には新駅舎が完成しました。

変わったのは駅だけではありません。終戦後、京王が京王帝都電鉄（以下京王帝都）として再出発すると、同社は国鉄や小田急との競合のため、輸送力増強に積極的に取り組むようになります。この点で大きな課題のひとつとなったのが、新宿における併用軌道の移設工事でした。併用軌道、つまり路面電車のままでは電車の速度に限界が生じ、専用軌道の競合路線との競争上不利に立たされます。また戦後東京の復興のなかで主要幹線である甲州街道に路面電車を残存させることも難しくなっていたと言えるでしょう。一九五三年、東京都の甲州街道拡幅工事のタイミングに合わせる形で、新宿駅出口曲線部から文化服装学院正門までの路線を、新道路上の専用軌道に移す工事が行れました[20]。

さらに京王帝都は一九五六年に新宿―初台間の地下化の免許申請を提出し、新宿駅を含む路線の地下化を進めることで、付近のボトルネックの解消を目指すことになります。地下化工事は一九五九年に開始され、六三年四月一日に地下新宿駅が開業し、六四年六月には新宿―初台間の線路地下化工事が完成しました[21]。工事はその後も進められ、一九八三年には初台―笹塚間の地下化工事も完成し、一方で都営新宿線との相互乗入れのため建設された京王新線（新宿―笹塚）も一九七八年に完成したのです[22]。

## 京王百貨店の開業と京王プラザビルの建設

高度経済成長期に入ると、京王帝都はターミナルとしての新宿の開発に積極的に参入しました。そのひとつは京王百貨店の開業です。かつて新宿追分で営業した新宿松屋はテナントであり、京王自らの経営ではありませんでしたが、一九六一年にグループ会社として株式会社京王百貨店を設立し、直接的な百貨店業への参入を目指しました。新宿駅の地下化工事と並行して、その地上部には地上八階建のターミナルビルの建設が進められます。同ビル内に一九六四年一一月、京王デパートが全館開業し、新宿西口の新たな顔になりました[23]。同ビルは地下二階と一階が駅となり、残り部分にデパートが開業したのです。従来百貨店経営ノウハウを持たなかった京王帝都でしたが、すでに相模鉄道との提携実績のある高島屋と業務提携する形で、悲願であるターミナルデパート開業を実現したのでした[24]。

また一九六〇年に東京都が、西新宿にあった淀橋浄水場跡地を中心とする大規模な再開発計画、新宿副都心計画を構想しますが、京王帝都はこの計画に積極的に参入し、淀橋浄水場跡地街区の公売に際して、第六区画一万四五〇〇平方メートルを五三億六〇〇〇万円で単独落札し、他に先駆ける形で地上四七階、地下四階、高さ一七〇メートルの超高層ビル、京王プラザビルを建設しました[25]。同ビルには一九六九年に設立された株式会社京王プラザホテルが入り、一九七一年六月五日に日本初の超高層ホテルとして営業を開始したのです[26]。

［註］

(1)新宿区史編集委員会編『新修 新宿区史』（東京都新宿区役所、一九六七年）一五五頁。
(2)有馬宏明『新宿大通り二八〇年』（新宿大通商店街振興組合、一九七七年）一八頁。
(3)新宿区編『新宿区史　第1巻』（一九九八年）三四五頁。
(4)前掲『新宿大通り二八〇年』二三頁。
(5)前掲『新宿大通り二八〇年』二四頁。
(6)調布市史編集委員会『調布の近現代史料 第一集』（調布市、一九九三年）五〇〇頁。
(7)前掲『調布の近現代史料 第一集』五〇〇頁。
(8)新宿区役所『新宿区史』（新宿区役所、一九八八年）二四頁。
(9)前掲『新宿区史　第1巻』三五五頁。
(10)武英雄『内藤新宿昭和史』（株式会社紀伊國屋書店、一九九八年）一五三頁。
(11)前掲『内藤新宿昭和史』一五四頁。
(12)前掲『新宿大通り二八〇年』一三四頁。
(13)前掲『新宿区史　第1巻』三七七頁。
(14)前掲『新宿区史　第1巻』三八〇頁。
(15)前掲『新宿大通り二八〇年』一四一頁。
(16)前掲『新宿大通り二八〇年』二一頁。
(17)芳賀善次郎『新宿の今昔』（株式会社紀伊國屋書店、一九七〇年）二〇四頁。

(18)前掲『新宿の今昔』二六四頁。
(19)京王電鉄株式会社広報部編『京王電鉄五十年史』（京王電鉄株式会社、一九九八年）四七頁。
(20)京王帝都電鉄株式会社総務部編『京王帝都電鉄30年史』（一九七八年）七一頁。
(21)前掲『京王帝都電鉄30年史』八五頁。
(22)京王電鉄株式会社広報部編『京王電鉄五十年史』（京王電鉄株式会社、一九九八年）九九〜一〇〇頁。
(23)京王帝都電鉄株式会社総務部編『京王帝都電鉄30年史』（一九七八年）一〇〇頁。
(24)京王百貨店二〇年史編編纂委員会編『京王百貨店二〇年史』（株式会社京王百貨店、一九八四年）一五頁。
(25)前掲『新宿の今昔』三一一頁。
(26)前掲『京王帝都電鉄30年史』一四三〜一四四頁。

# 第三章　玉川上水沿いを走る京王線

## ――渋谷区旧代々幡村地域の事例

オペラシティビル

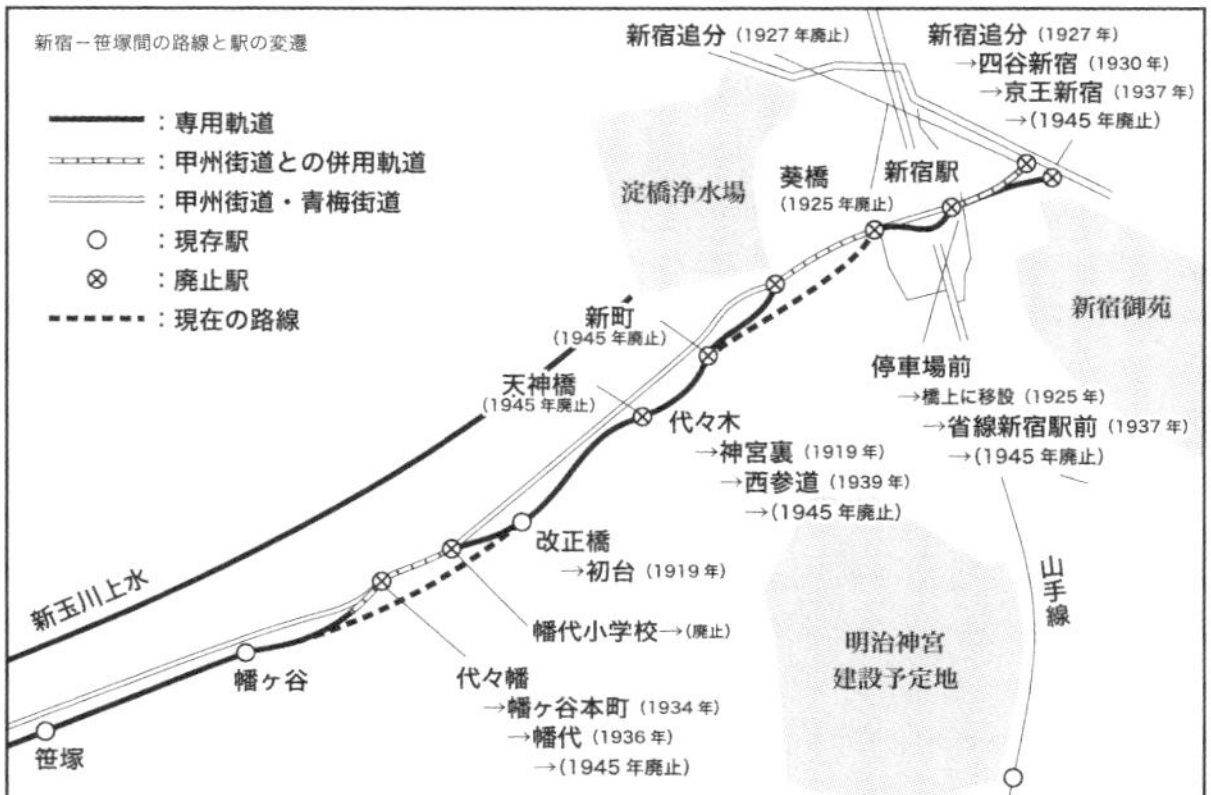


高嶋修一「京王電鉄の歴史的視点」（2003）より

ファッションや若者の街として知られる渋谷。しかし井の頭線を例外として京王本線が通る渋谷区は、初台や幡ヶ谷、笹塚といった落ち着いた住宅街といった雰囲気です。この地域は江戸時代から甲州街道が通り、街道沿いには商店が立ち並ぶ地域でした。また江戸の飲み水を支えた玉川上水が流れ、街道沿いを除けば、のどかな田園風景が少なくとも大正期までは広がっていた地帯であると言います。本章では、渋谷区北西部にあたる、これら京王線沿線地域の歴史と京王線の関係についてお話しします。

## 牧場があった初台沿線

甲州街道は、大正初期までは「僅か五間たらずの幅員で歩道もなく、路面は凸凹の砂利道でホコリっぽいのが難点ではあったが、行交う車は荷馬車か農家の肥料桶を二荷三荷と積んだ手車のみで、稀に走って来るのは後述するガタ馬車か人力車ぐらゐのもので、自転車すらも大正前には余り通行せぬ、のんびりとした田舎道であった」といいます。[1] 駅名にもなっている「笹塚」という地名にしても、この地に内藤新宿からちょうど一里の一里塚があり、あたりは一面に笹が茂っていたことから名づけられたという話があるほどで、当時はまだのどかな農村風景が残っていた場所のようです。[2]「甲州街道は近代になってからも（中略）人は荷車が行き交う昔ながらの風情を長く残していた。その両側に広がる代々幡地区は車馬を運輸手段として近郊における野菜の大生産地となっていた」[3]とも伝えられるように、当時初台、幡ケ谷付近を含んでいた代々幡町は一九一三年（大正二）時点において、面積の六二パーセントを田畑が占める、宅地は僅か一五・六パーセントの農村であったようです。[4]

そんな初台付近には、京王線敷設前後の時期に牧場が存在したとの記録が残されています。「西原には、ところどころに牧場がありましたが、それは静岡あたりから来た人の開いたものが多いのです。牧場が出来たのは、明治の末ごろからです。京王電車の幡代駅から少し西原に入ったところ（注、今の西原一丁目三六番地の位置）に、日米舎という牧場がありました。日米舎には、牛が多少増減はありましたが、三〇頭ぐらいはいました」[5]。また一九三三（昭和八）年から西原に住んでいるという住民の回想として、「今の福田幼稚園あたりに牧場がありました。一日おきに一升瓶を持って牛乳を買いにいったものです。（中略）子供たちは牛舎や乳を搾るところ、えさを色々と混合する作業などが面白くて、牧場へゆくのを楽しみにしていました。教育大の角あたりにも一、二軒牧場があったように記憶しております。住宅地がおいおい広がり一軒ずつなくなって、私どもがいっていた牧場が最後まで踏み止まっていましたが、遂に他に移ると聞いて別れを惜しみました」[6]とも言われています。この牧場は先の回想に地元農家が経営していたものではなかったとされていること、さらに「家畜は主に乳牛で、しぼった乳は京橋方面へ出荷していました。当時、牛乳はまだ、一般的な飲料としては普及していなかったためか、土地の人には牛乳を飲む習慣はなかったようです」[7]との記述があることから、主として都心部への牛乳供給を意図して同地に進出してきた人々が経営した牧場であったようです。このような近郊農業の登場は、その後の宅地化の前段階であったと言えるのかもしれません。

## 玉川上水跡地を利用した京王線

前章でも述べましたが、京王線の開業は新宿（追分）―笹塚間の用地買収が難航した結果、笹塚―調布間で先行して行われました。新宿―笹塚間、つまり現在の初台・幡ヶ谷駅付近では甲州街道の路上だけでなく、側道のような場所を電車が通っていました。現在は地下化されていますが、実際にその跡を歩いてみますと、旧玉川上水の水路跡と一致する場所が数多く見られます。「電車の方も、甲州街道の真中を走るかと思えば、ちょいとカーブを切って道路からはずれ、人家の裏側を縫うようにして通り抜け、再び甲州街道に顔を出すといった変化に富んだ走り方をしていた」[8]との証言も残されています。

開業当時の初台付近の風景を知る人による次のような回想もあります。「野趣豊かだった初台の、現在地下駅があるあたりで、私は一九一八年（大正七）に生まれました。家のそばには玉川上水が流れ、上水沿いには京王線の電車が走り、さらに並んで甲州街道が通っていました。当時甲州街道はまだ道幅が狭く、牛や馬がゆっくりと行き交っていました」[9]。

玉川上水は江戸の水不足を解消するために一六五四年（承応三）に開削された水路です。近代に入り伝染病コレラの流行などに対処するため、一八九九年（明治三二）に淀橋浄水場を竣工させ、それに伴い杉並区和泉町から浄水場までを新水路で付け替えました。これに伴い和泉町から四谷大木戸までの旧水路は余水路となり、徐々に暗渠化されていったとされています[10]。つまり京王線が建設された大正初期には、笹塚―新宿間には余水路となった玉川上水が甲州街道と並行して流れていたことになります。甲州街道上の線路敷設に反対が生じた結果、京王はこの玉川上水余水路沿いに路線を敷設したものと思われます。

この傍証となるのが初台駅の旧称です。同駅は一九一四年（大正三）六月の設置時には「改正橋駅」と称していました。改正橋とは同地にある玉川上水の橋の名称でした。現在は暗渠化・地下化された玉川上水と京王線の跡地・地上部は、多くが遊歩道として活用され、地域住民の憩いの場所となっています。

## 代々幡村からの陳情書

現在の初台―幡ヶ谷―笹塚の地域は、京王線が開業した大正初期には豊多摩郡代々幡村と言いました。同村は一八八九年に代々木村と幡ヶ谷村が合併して誕生した村です。この代々幡村の住民から京王線の開業について、一九一一年（明治四四）五月、次のような陳情書が東京府知事宛に提出されています。陳情ではまず玉川上水について「両岸ハ緑草青苔ニ蒸サレ交ニ百合、萩薄ノ叢ルアリ或ハ天ニ聳ユル老松、或ハ水ニ懸ル紅葉ノ間ニ清冽奔放ノ玉泉、深キニ渦マキ浅キニ激ス実ニ市外天然ノ公園タリ宜ナリ美術家ノ来ツテ之ヲ写生スルモノノ絶ヘザル、宜シク之ヲ補修シテ風致ノ美ヲ維持シ永ク鑑賞慰安ノ楽園タラシメザルベカラズ」[11]と、上水が沿線の重要な景観を為していることを指摘し、「然ルニ何事ゾ京王電気軌道株式会社ハ此沿岸付近ニ軌道ヲ布設シテ電車ヲ通シ昼ハ旅客ヲ乗セ夜ハ砂利ト人糞トヲ運バントス、是レ豈ニ没風流ノ最モ甚キモノニアラズヤ」[12]と電車開通による景観の悪化を非難しています。また玉川上水沿いを電車が通行することによる上水岸壁の被害、電車からの車軸油の上水への流入の危険についても指摘されています。

また京王の路線が玉川上水沿いを走る理由について次のような指摘もなされています。「抑モ京王線ノ基点、新宿追分ヨリ九丁程ハ国道ニ軌道ヲ布設シ水道門前ヨリ特ニ南方ニ迂回シテ上水ヲ越ヘ上水ニ沿ヒテ茲ニ専用地水平軌道トセントスル会社ノ計画ニシテ其理由ハ単ニ高速力応用ノ為メナリトゾ若シ夫レ真ニ高速力ヲ応用セントセバ宜シク基点ヨリシテ高架専用軌道タラシムルベシ現時ノ甲州街道ハ追分ヨリ廿五丁程迄ノ間ハ同一ノ状態ニシテ頗ル繁栄ノ市街ヲ為シタル殆ント一直線ノ国道タリ何ンゾ其内九丁ハ国道ニテ緩速力ヲ用ヒ其余ニ限リ高速力ヲ用ユルノ差別ヲ生ズベキ理由アランヤ会社ノ沿道ニ対スル不公平モ亦甚ダシト云フベシ（後略）」[13]。この文章の要点は、次の2点にあります。①京王線が甲州街道上と玉川上水上を蛇行する理由は、速度面の問題にあるという、速度云々を言うのであれば最初から高架鉄道を目指すべきだ。②京王線が甲州街道上を通る地域とそうでない地域に不公平が生じる。当時の京王に高架鉄道を建設する資金的余裕がなかったことは自明ですが、後の地下化の流れを考えれば見識のある意見であったともいえ、陳情者が一定の知識階層であることをうかがわせます。前章でも紹介しました様に、甲州街道上を走るにしても、玉川上水を利用するにしてもいずれも沿線から陳情が出る状況であったようです。

この陳情書に対しては添え書きに、府内務部土木課主任名で「右線路変更ニ関シテハ已ニ会社ヨリ出願其筋へ進達中ニ有之候間本願ハ為参考此儘留置可然哉」[14]と記されており、既に京王電鉄が予定線路の変更を試みているため、府としても様子を見る姿勢が示されています。具体的にこの陳情がどの程度の影響もたらしたのかは不明ですが、沿線住民からの批判を受けて、京王電軌も、路線計画の一部変更を余儀なくされた模様です。

## 土地収用法の適用

以上のような地元からの陳情に対して、京王電軌は路線計画の一部変更を行いましたが、最終的に変更が難しい地域の用地買収については、土地収用法の申請が行われました。一九一二年四月二五日付で京王電気軌道から当時内務大臣であった原敬宛に「当会社電気軌道特許線路中東京府豊多摩郡代々幡村大字代々木新町ヨリ北多摩郡府中町字新宿ニ至ル間軌道敷設工事施工ノ儀本月廿五日付ヲ以テ御認可ヲ得候ニ付テハ起工準備ノ為メ線路用地買収ニ着手致度候間土地収容法適用ノ儀御認定被成下度」と記された文書が残されています。対象地は代々幡村内では幡ヶ谷の代々幡村役場使用宅地の一部約三一坪となっています。(15)

## 路面電車時代の廃駅

新宿追分から笹塚までの区間は、当初の京王線が路面電車的性格が強かったこともあり、今日は存在しない多数の駅が置かれていました。渋谷区内にあったものとしては、天神橋、代々木、幡代小学校前、幡代の四駅が存在しました。天神橋には変電所のほか、多摩川方面から貨車で輸送されてきた川砂利のホッパー（貯蔵施設）が隣接しており、戦前においては重要な駅であったと考えられます。また代々木駅は一九二〇年、明治天皇、昭憲皇太后を祀った明治神宮の裏参道に接した位置にあったため、「神宮裏」（一九一九年九月）、「西参道」（一九三九年七月）と名称変更され、明治神宮への参拝客向けの駅として賑わいました。幡代小学校前駅はごく短期間の設置だったようですが、その他の駅はアジア太平洋戦争末期に、新宿駅が省線の西側に移転する一九四五年七月のタイミングで姿を消すこととなりました。(16)

明治神宮境内参拝者の雑踏（絵葉書）

## 沿線宅地化と不動産開発

一九一五年（大正四）、代々幡村は代々幡町となります。京王線の開通により甲州街道沿いの人口は増加し、初台、本村、西原、上原付近の住宅化が進んでいきました。宅地化の進行とともに付近の農民のなかには耕地を宅地化し、家主、地主となる者も増えてゆきました。同年には地元地主が東京帝国大学農科大学（現東京大学駒場キャンパス）の裏門に「代々木新開地事務所」を設置し、三万二千坪の開発に乗り出し、そのうち二四〇〇坪に貸家九六戸を建築し、月賦・年賦で売却するという大規模な宅地開発に乗り出しています。[17]

また幡ヶ谷駅南側の大山地区、現在の代々木大山公園付近には一九一三年、鈴木善助という人物が大山園という庭園型遊園地を開園したという記録が残されています。面積は七万六千坪、中央の庭園は二万坪を越え、園内には松、楓、桜を植樹し、人口の滝を設けるなどして遊覧客の集客を見込んだようですが、営業的には長続きしなかったようです。その後、園の敷地は海運王・山下亀三郎の手に渡り、一九二一年には山下住宅と呼ばれた賃貸住宅七〇戸が建設されました[18]。

とはいえ、京王線開業によって沿線の市街地化が急激に進行したのかについては疑問符が付きます。地元の人々の記憶としては、京王線開業よりも大きなインパクトがあったのは一九二三年（大正一二）の関東大震災であるようなのです。「幡ヶ谷も笹塚も、北部の一帯は、昔はずっと田んぼでした。田んぼのほかには何もありませんでした（中略）関東大震災当時、商店街としてめだっていたのは今の幡ヶ谷一丁目八番から一〇番あたりで、それから南の方にかけての一帯には阪川牛乳店の牧場がありました。京王線の線路から奥に入ると、ずっと牧場だったのです」[19]という回想に示されるように、京王線開通によっても市街化が進んでいたのは甲州街道沿いの線に限定されており、沿線にはまだまだ田園風景が広がっていたようです。

## 甲州街道の拡幅

甲州街道と京王線が併走する形になった初台－幡ヶ谷－笹塚地域でありますが、沿道・沿線地域の発展と共に甲州街道を拡幅する必要が生じるのは必然でした。同街道は数度の段階を踏んで拡幅されてゆきました。「甲州街道は、昭和五～六年ごろに拡幅工事が始まりました。その拡幅は道路の北側が対象になりましたが、これによって町並みなど土地の様子に大きな変化が起こりました」[20]と回想されるように、道路拡幅作業が昭和初期に進められました。これとともに、「幡ヶ谷本町付近の線路移設が行なわれ、京王線が甲州街道と石の柵ひとつへだてた専用軌道に変ったのは昭和一一年九月で、駅もその一年後に「幡代」と改名し、上下ホームがひとつのドームで覆われた」[21]とあるように、路面電車であった京王線の実質的な専用軌道化も進められました。

道路の拡幅とともに街並みも変化してゆきました。「甲州街道の拡幅で、幡ヶ谷の商店街の家並みが整いました。二階家の相当に大きな店舗も造られました。したがって商店街の店舗の構成としては、八王子を除いて京王線の沿線でここが一番よくなりました。（中略）当時は駅の周辺には、市場もあり、それも幡ヶ谷中央市場・丸幡市場・原町市場と三か所あって競争していました。今の六号通りや一〇号通りといわれる地域は商店街としてはまだ整っておらず、買物客はみな幡ヶ谷に来ました」[22]と、道路拡幅による街並みの整備が商店街の活況を招き、幡ヶ谷地域の繁栄につながったことが指摘されています。

しかし戦時期に入ると、道路拡幅は別の意味合いを持つようになります。それは空襲による被害を防止する防災的観点から進められました。「建物の強制疎開の第一回目は甲州街道の南側で行われ、道路沿いから京王線の線路ぎわまでの建物が全部壊されてしまいました」[23]、「強制疎開は、昭和二〇年二月二六日の関東地方の大空襲の後に徹底して行われました」[24]、「幡ヶ谷は人家の密集地帯でしたから、強制疎開の対象となったのです。多少でも家並みを間引きすることで、火災の延焼を防ごうという意味からです。それからもう一つ、電車が通っていますから、沿線が火災にあった時に路線が断たれるのを防ぐためです」[25]などという記述が当時の状況を物語っています。一九四五年（昭和二〇）五月二四日から二五日にかけての空襲の被害もあり[26]、戦後の街並みにはさらに大きな変化が見られました。「強制疎開が解除になったのは、昭和二一年の末でした。解除後は土地の様子が全く一変してしまいました。今では甲州街道の南側の幡ヶ谷だけを見ても、ここに戦前からいるという人はわずかに二～三人です」[27]、「復員した時に、幡ヶ谷駅が変っていてまごついてしまいました。いつの間に変ったのだろうかと人に聞きましたら、戦争中に工兵隊が来て大急ぎで変えたのだということでした」[28]、「復員して驚きましたが、幡ヶ谷では戦前からの商店経営者の多くがやめてしまっていました。日用品を扱う小売屋さんが少なくなり、自動車の修理屋さんなどの半工場的な店がおよそ半数も入ってきたのです」[29]というように、戦時中の道路拡幅と戦災は沿線の商店の街並みを一変させ、商業面での衰退を招くものであったようです。しかし戦後の焼け跡のなかにも復興の兆しは残されていました。「戦後、笹塚駅前には、バラック建てで相当に大きな闇市がありました。店舗数で二〇くらいでしたでしょう。幡ヶ谷では、駅の近くに『よしず張り』など簡単なものが一〇店舗ぐらい出ました」[30]とあるように、戦後の闇市的な存在を出発点にしながらも、沿線の商業は徐々に賑わいを取り戻していったのです。

## 「劇場都市」オペラシティ

現在は初台から笹塚にかけての地域は落ち着いた商店街と、オペラシティに代表される近代的な施設が同居する都内の人気エリアになっています。初台を代表するランドマークであるオペラシティは伝統芸能を主に上演する国立劇場に対して、現代舞台芸術の上演用施設として計画された新国立劇場を建設するために、「特定街区」という都市計画手法を用いて建設されました（敷地の約半分は新宿区内）。同地にはそれまで東京工業試験場、ＮＴＴ電話局、小田急百貨店の配送センター、京王バスの車庫が立地していました。この跡地に新国立劇場と東京オペラシティビル（法律上は連続した一体の建物）を建設し、低層で建設される新国立劇場の余剰容積を東京オペラシティビルに移転し、京王帝都や小田急百貨店、日本生命、第一生命などの民間地権者がこの容積使用に対して対価を支払い、この対価が新国立劇場の建設費用に充てられるという、官民共同の事業手法が用いられました。一九九七年には新国立劇場が完成し、建物全体は九九年に竣工しています。建物内には劇場来館者や地域住民に向けた多数の商業施設が入居し、建物全体を一体的な「劇場都市」とすることが目指されています[31]。

［註］

(1)堀切森之助編『幡ヶ谷郷土誌』（東京都渋谷区立渋谷図書館、一九七八年）三九頁。

(2)株式会社京王エージェンシー編『京王線・井の頭線　むかし物語』（京王電鉄株式会社広報部、二〇〇三年）一〇頁。

(3)渋谷区区制施行七〇周年記念事業準備会編『区制七〇周年記念　図説渋谷区史』（渋谷区、二〇〇三年）一四〇頁。

(4)前掲『区制七〇周年記念　図説渋谷区史』一三〇頁。

(5)渋谷区教育委員会編『ふるさと渋谷の昔がたり第一集』（一九八七年）六八頁。

(6)東京都渋谷区役所企画室広報係編『渋谷は、いま』（東京都渋谷区役所、一九八二年）一〇頁。

(7)前掲『渋谷は、いま』一一頁。

(8)前掲『渋谷は、いま』二四頁。

(9)前掲『京王線・井の頭線　むかし物語』八頁。

(10)東京都渋谷区立白根記念郷土文化館編『渋谷の玉川上水』（一九八五年）二八頁。および東京都水道局『玉川上水の記』（碑文、二〇〇三年）。

(11)「代々幡村村民の専用軌道敷設反対の陳情書」（調布市市史編集委員会編『調布の近現代史料　第一集』調布市、一九九三年）四七八頁。

(12)前掲「代々幡村村民の専用軌道敷設反対の陳情書」四七八頁。

(13)前掲「代々幡村村民の専用軌道敷設反対の陳情書」四七九頁。

(14)前掲「代々幡村村民の専用軌道敷設反対の陳情書」四七八頁。

(15)「京王電軌軌道より土地収容法適用申請」（調布市市史編集委員会編『調布の近現代史料　第一集』調布市、

一九九三年）四八五～四八六頁。
(16)村松功『京王電鉄まるごと探検』（ＪＴＢパブリッシング、二〇一二年）一六〇～一六一頁。
(17)辻野京子『まちの記憶 代々木上原駅周辺』（二〇〇三年）一〇頁。
(18)前掲『まちの記憶 代々木上原駅周辺』一二頁。
(19)前掲『ふるさと渋谷の昔がたり第一集』一一頁。
(20)前掲『ふるさと渋谷の昔がたり第一集』一六頁。
(21)前掲『渋谷は、いま』二四頁。
(22)前掲『ふるさと渋谷の昔がたり第一集』一六頁。
(23)前掲『ふるさと渋谷の昔がたり第一集』二二頁。
(24)前掲『ふるさと渋谷の昔がたり第一集』二二頁。
(25)前掲『ふるさと渋谷の昔がたり第一集』二二頁。
(26)前掲『ふるさと渋谷の昔がたり第一集』二三頁。
(27)前掲『ふるさと渋谷の昔がたり第一集』二二頁。
(28)前掲『ふるさと渋谷の昔がたり第一集』二二頁。
(29)前掲『ふるさと渋谷の昔がたり第一集』二四頁。
(30)前掲『ふるさと渋谷の昔がたり第一集』二五頁。
(31)小泉嵩夫「《劇場都市》の創造を目指して―東京オペラシティプロジェクトの概要」（レジャー・マーケティングセンター『Report leisure 537号』一九九八年所収）。

# 第四章　近郊農村から高級住宅地へ

## ――京王線と世田谷の風景

徳冨蘆花旧宅

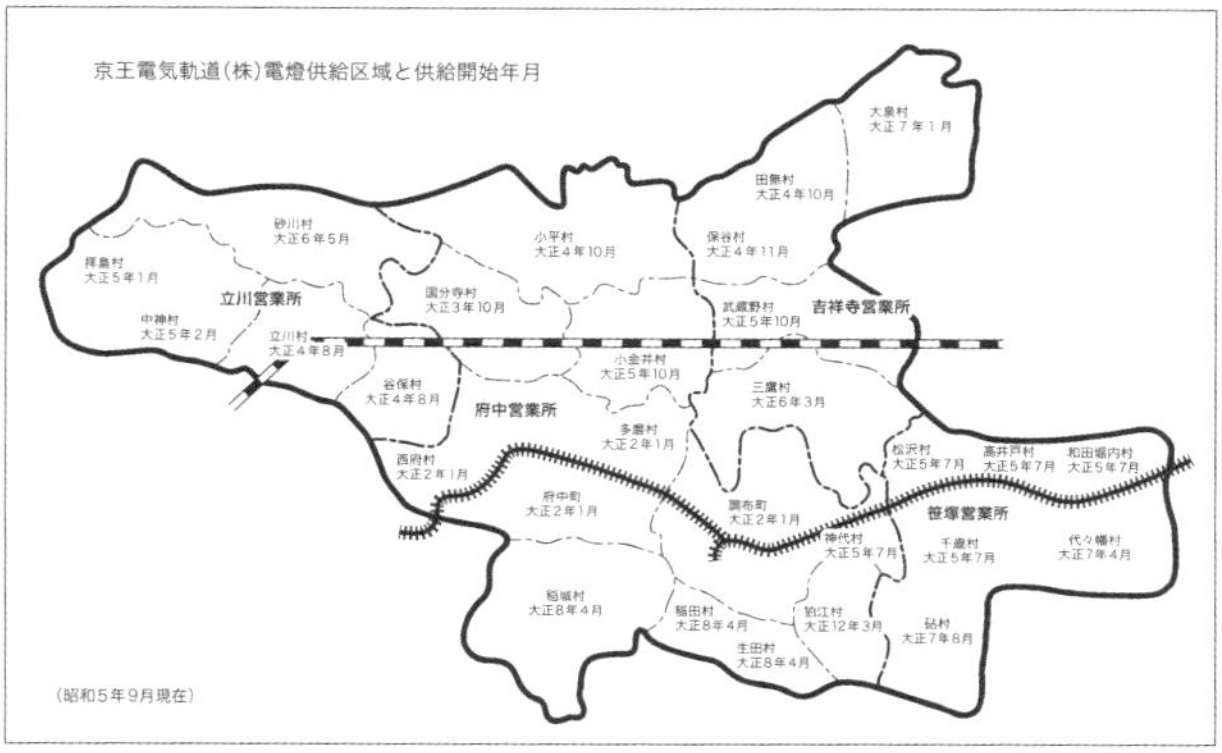


『京王帝都電鉄 30 年史』より

世田谷は東京西郊の高級住宅地帯であり、京王線をはじめ、小田急線、東急線が横断し、都心へのアクセスの良さも魅力の地域です。しかし戦前期の世田谷は、まだ近郊農村の風景を色濃く残す地域でした。京王線の開業前後を通じて世田谷地域沿線の風景がどのように変化をみせていったのかを見てゆきたいと思います。

## 徳冨蘆花の描いた京王沿線

「新宿八王子間の電車は、儂《わし》の居村から調布まで已に土工を終えて鉄線を敷きはじめた。トンカンと云う鉄の響が、近来警鐘の如く儂の耳に轟く。此は早晩儂を此の巣から追い立てる退去令の先触ではあるまいか。愈電車でも開通した暁、儂は果して此処に踏止まるか、寧東京に帰るか、或は更に文明を逃げて山に入るか。今日に於ては儂自ら解き得ぬ疑問である」[1]。

この文章は第一章でも紹介しました明治の文学者徳冨健次郎（蘆花）の『みみずのたはこと』の一節です。蘆花は一八六八年（明治元）に熊本の郷士の家に生まれ、同志社や大江義塾等で漢学や自由民権運動を学びますが、民友社、国民新聞社の勤務を経て創作活動に入ります。『不如帰』（明治三三年刊行）などの人気作品を送り出した蘆花は、一九〇七年（明治四〇）二月、トルストイの作品から影響を受け、千歳村粕谷の地に転居し、晴耕雨読の生活に入ります。その過程で執筆した『みみずのたはこと』（大正二年刊行）は、千歳村の農民が大消費地東京の市場動向を受けて作目を変化させる様、京王線の開通を受けて近隣の地価が高騰してゆく近郊農村の変貌の有様を「東京が日々攻め寄せる」という見事な表現で活写しています。蘆花はその後も粕谷の地に住み続け、村人は「蘆花さん」と呼び、その屋敷を粕谷御殿とも呼んだそうです。蘆花は後に敷地続きのくぬぎ山であった三反ほどの土地をも買い求めて墓も造り、一九二七年に伊香保で客死するまで暮しました。(2) 邸の敷地は蘆花の死後、一九三六年に東京市に寄贈され、蘆花恒春園として付近住民の憩いの場となりました。これに合わせるように、京王線最寄りの駅であった上高井戸駅は翌三七年に芦花公園駅と名称変更されています。

## 沿線住民からの陳情書

ところで京王線は基本的には軌道法に基づき甲州街道沿いに計画されたため、現在の世田谷区(当時は世田谷村、松沢村、千歳村)の北外れを通るルートで敷設されました。沿線住民のなかにはこの点で不満のある住民もいたようで、一九一一年(明治四四)に東京府知事宛てに千歳村住民から提出された陳情書には、村北部の甲州街道沿いではなく、南側の村中央部への敷設が要求されています。その理由としては「鉄道ノ開通ヲ以テ地方発展ノ具トナス以上ハ可成新方面ニ発展スルヲ要ス(中略)旧街道ハ既開ノ土地ナレバ亦新タニ開発スベキノ余地ニ乏シク」(3)と記されており、甲州街道沿いは既に市街地が開かれており、開発余地が乏しいが、村中央部を通過すれば沿線地域の発展がよりもたらされるであろうと地元の要望が述べられました。しかし技術的に問題がなければ沿線に乗客が見込める市街地を通過したいというのは、会社側からすれば当然のことでもあり、結局陳情が認められることはなく、甲州街道沿いのルートに決定されたという事情があったようです。

## 京王線開業の世田谷沿線の風景

徳冨蘆花は京王線の開通を近郊農村に押し寄せる文明化の足音と捉えましたが、沿線風景の変化は、少なくとも近隣住民にとって、あまり急激に進んだようには見えなかったそうです。地元住民の回想をみてゆくことにしましょう。

（代田橋・明大前・下高井戸）

代田橋駅は、世田谷区の旧村である代田村と、甲州街道が旧玉川上水を超えるために架橋された橋の名称に因んでつけられました。[4] 開通当初、新宿から同駅までが八銭で、次の明大前（開業時は火薬庫前）や下高井戸では一二銭であったため、付近の人々が新宿に出る際は、代田橋まで歩いて乗車することが多かったといいます。開業時の代田付近の沿線からは一面の田園風景が眺められ、春は麦畑と菜の花畑が絵のように繰り広げられていたということです。[5]

現在井の頭線との乗換駅として賑わう明大前駅ですが、開業当初は同地に陸軍火薬庫があったことから「火薬庫前」という名称でした。駅の場所も現在地より西へ二〇〇メートルほど寄った位置であったそうです。一九一七年に陸軍火薬庫の廃止により「松原」と改称されましたが、その後一九三三年に帝都電鉄（現在の京王井の頭線）が東南から北へと貫くように交差したことにより、駅の位置を現在地に移転しました。翌一九三四年、同地付近に明治大学予科（現明治大学和泉キャンパス）が移転されたのを機に、現在の「明大前」と再度名称が変更されたという歴史があります。[6]

下高井戸駅は京王線開業時からの駅で、甲州街道の宿場名である下高井戸に由来します。同駅は一九三七年に同地に日本大学予科文科世田谷校舎（現日大文理学部キャンパス）が進出したことに伴い、三八年に「日大前」と改称されましたが、一九四四年に再び元の「下高井戸駅」に戻されました。日本大学そのものが移転したわけでもないにも拘わらず、なぜ駅名が旧称に戻されたのか不思議ですが、詳しい事情は明らかでありません。同駅は一九二五年に玉川電気鉄道（現東急世田谷線）が延伸し、乗換駅となっています。

（桜上水・上北沢・八幡山）

桜上水駅は開業当初から設置されていた駅ではなく、同地に京王の車庫が設置されたことにより、一九二六年に「北沢車庫前」駅として設置されたことに由来しています。当初車庫は笹塚に設置されていましたが、その後移転計画が浮上し、上北沢と烏山で誘致合戦が展開された結果、上北沢の地主と密蔵院が所有する山林を提供し、烏山との間で五〇銭、一円刻みで買収価格の引き下げ合戦を行った結果誘致に成功し、車庫の誘致と駅の設置を実現させたという話があります。(7) 駅名はその後一九三三年に「京王車庫前」と変更された後、一九三七年に駅北側を流れる（現在は暗渠）玉川上水沿いの桜並木が有名であったことに因んで今日の「桜上水」駅となりました。また桜上水には一九二四年に宗教家、農民運動家として知られる賀川豊彦が居を移し、一九三一年には松沢幼稚園と教会堂を建てて活動し、七一歳で亡くなるまでこの土地で生活したことでも知られています。(8)

上北沢駅は開業当初からの駅であり、当初から「上北沢」駅として開業しましたが、一九一七年に「北沢」と名称変更し、その後一九三二年に元の「上北沢」に戻りました。駅名は江戸時代の同地の旧村名に由来します。八幡山駅は厳密には世田谷区ではなく杉並区に位置します。同駅の設置は一九一八年のことですが、これは一九一九年にそれまで巣鴨にあった東京府立松沢病院（現都立松沢病院）が、同地に移転してきたことにより設置された駅です（松沢は当時の村名）。当初の駅は病院の正門付近に設置されていました。同駅の設置により、この後これによって見舞客などの宿泊場所が必要なことから、附近で旅館が営まれるなど、活況を呈し、また関東大震災では同病院で多くの被災者が避難収容されたそうです。[9]駅名はその後一九三七年に駅東南にある八幡宮（現八幡山八幡宮）に因んだ「八幡山」駅に改称されました。

（芦花公園・千歳烏山）

芦花公園駅は前述のように、同地に住んだ徳富健次郎と、徳富邸跡である蘆花恒春園に由来します。開業時の駅名は「上高井戸」であったものが一九三七年に現駅名に改称されました。駅そのものは蘆花の住んだ粕谷ではなく、烏山に位置していますが、文豪の名にあやかった駅名変更と言えるでしょう。千歳烏山は一九一三年の開業時に「烏山」駅として開設されましたが、一九二九年に現在の「千歳烏山」と改称されています。同駅北側には、関東大震災後に築地、浅草、本所などから寺院が一斉に移転し、寺町を形成しました。[10]また烏山では、一九二二年南烏山四丁目の一角に、和田住宅という「文化住宅」が出現したことが知られています。これは幅六メートル程の道の両側に、一三戸ずつ合計二六戸建てられた賃貸住宅団地です。屋根はスレート葺、一戸当たりの敷地は平均一六五平方メートルという立派なもので、中央には高い給水塔も建てられました。和田住宅には、女性解放運動家の平塚らいてう、歌人で日本野鳥の会の創立者である中西悟堂、歌人の中原綾子などの名だたる文化人が入居したことで知られています[11]。

## 「水車が火車に」世田谷の電化

京王電気軌道開業の沿線への影響には、鉄道による交通利便の向上のほかに、電灯・電力の供給による沿線「電化」の影響がありました。当時まだ近郊農村であった世田谷地域の住民にとって、京王が供給する電気はまさに蘆花のいう「文明」の象徴であったのです。当時の電灯・電力事業開始を巡る証言を紹介します。

松沢村の現在の桜上水駅南側には一九一八年から六二年にかけて、三井財閥による三井高井戸牧場が経営されていました（現桜上水ガーデンズ付近）。桜上水から上北沢付近の電化の口火を切ったのはこの牧場であったそうです。「三井牧場が京王電軌から真先に電気を引いたのに伴って、この地域では電柱と電線を負担すれば電気を引いてあげると言われ、牧場に近い三軒の家に電灯がついたのでした」[12]とあるように、三井牧場が率先して電気を引き、そこから電柱と電線を伸ばす形で周囲の住民にも電線網が広がっていったようです。

千歳村では「村全体に電気が引けたのは大正十年ぐらいのことでした。それまでの石油ランプのくらしは、暗い上にランプの掃除の手間も大変だったのです。それでも、初めは夜だけの送電で、電球も十二ワットの明るさでした。二十四時間つくようになったのは、昭和十年近くになってからでした」[13]という回想が残されています。同じ千歳村の証言では、電灯が付いたのが一九二五年（大正一四）四月であったというものがあります。電柱を購入する必要があり、経済的には負担でありましたが、「それまではランプ及び灯心（油）であり、土間で夜なべには藁《わら》仕事、衣服及びタビのつくろいものをする。電灯がつくようになってから夜なべ仕事をやらなくなってきた。またラジオが聞ける様になってきた」[14]と、電化による生活の改善が明らかであったことが述べられています。

また京王の電気事業は、電灯だけではなく電力の供給も行っていました。電力の供給はそれまでの農村の風景にさらなる変化を与えてゆくことになります。それは主に水車のような水力動力を、電力化する形で現れました。下高井戸付近では次のような回想が残っています。「この電車の開通で、赤堤二丁目の水車（精米や製粉用として利用していた）を電力に変えることになり、この際沿線の家にも電柱にする杉柱を無償で提供すれば工事費なしで電灯を供給してくれるという話になり、ぽつぽつ電灯をひく家が出始めました」[15]。また烏山付近でも「田中屋では、仙川の水を引き、水車小屋を作って精米所を営んでいました。大正二年京王電気軌道（現在の京王線）が開通する頃になると、電気が使えるようになり、水車をやめて電力で精米を行うようになったため、屋号も〝火車〟に変わったということです」[16]という話が残っています。屋号が「火車」になったという話は興味深いですが、それまで水力で行っていた精米・製粉が電力を用いて行われるようになり、水車が徐々に姿を消していく、農村風景の変化を見る事ができます。

## 関東大震災後の沿線の変容

京王電軌の開業は、世田谷の沿線地域に少しずつ変化をもたらしていましたが、その変化は当初沿線住民にとって、それほど急激なものとは映らなかったようです。世田谷の農村風景が体感的にも急速に変化をはじめるのは、一九二三年（大正一二）九月一日に発生した関東大震災後のことでした。関東大震災は、東京東部、沿岸部において大きな被害を与えましたが内陸西部の世田谷の被害は比較的軽微であり、その結果、被災者の多くが世田谷をはじめとする東京西郊に流入することとなったのです。

千歳地区では「京王電軌の復旧は早く、被災後一週間足らずのうちにほぼ全線復旧を完了し、京王沿線の被災者には総枚数一万一千枚余の無料乗車券を給付した。京王線利用の乗車数は、大正十二年を境に、一躍十倍にはねあがり、畑地が宅地にかわり、住む人に勤め人がふえてきた」[17]と、震災後の沿線地域への人口流入と市街地化の加速が回想されています。

また代田地区では、関東大震災と京王、小田急などの私鉄開通による人口増加に対応して、一九二七年に第三荏原尋常小学校（現世田谷区立東大原小学校）、一九三二年に守山尋常小学校（現世田谷区立守山小学校）が開校しました。両小学校ともに京王線と小田急線に挟まれる位置に開校しましたが、当時児童だった住民の回想として、「運動会にリレーはつきものである。（中略）守山尋常小学校のリレーの特徴は、中原…大原…羽根木の部落対抗で行われ（中略）京王電鉄より小田急電鉄の開通が遅かったためか、中原は他の部落と比べ児童数が少なく、残念ながら成績は振るわなかった」[18]と述べられており、早期に鉄道が開通した京王沿線地区が後発の小田急沿線地区よりも人口増加が顕著であったことを、子供の視点から回想されています。

## 北沢分譲地の「肋骨通り」

今日世田谷と言えば、高級住宅街のイメージが強い地域ですが、京王線沿線で計画的な街区設計のもとに作られた住宅地の事例として北沢分譲地の事例を紹介したいと思います。上北沢駅の南側の街区は、南西に延びるメインストリートから東西と南北に延びる街路が葉脈のように展開しています。これは第一土地建物会社が手掛けた計画的な街区設計によるものです。同地は地元では中丸とよばれる一面が畑の地域であり、道も大八車が通れるような農道が二、三本あるだけの土地であったそうです。同地を買収した第一土地建物会社は、台湾で営業活動を行っていた台湾土地建物株式会社が、震災を機に「内地」東京復興のための街づくりを志し、一九二四年に姉妹会社として設立し、住宅開発を行ったものです[19]。社長の木村泰治は、植民地事業のノウハウを内地に還元することを構想し、京王線北沢駅（現上北沢駅）と交差・接するように桜並木を配置し、並木を中心に葉脈のように斜めの道路を計画的に配置する街路設計を特徴とする住宅地を、「北沢分譲地」と名づけて分譲しました。この事業は日本における「田園都市型」の郊外型住宅地開発を目指したものと評価されています。[20]この葉脈型の街路は当時「肋骨通り」と呼ばれたそうですが、今日的にはあまりイメージが良いとは思えない呼称ですので、もっと別の名称を定着させるべきであったかもしれません。北沢分譲地の販売は好調であり、元台湾台中州知事の本山文平や高級軍人らが来住し、高級住宅地としてのブランドを確立していったと言われています。[21]

[註]

(1)徳冨健次郎『みみずのたはこと（上）』（岩波書店、一九三八年）二二五頁。
(2)世田谷区総務部文化課文化行政係編『ふるさと世田谷を語る 粕谷・上祖師谷・千歳台・船橋・八幡山』（一九九五年）二二五頁。
(3)調布市市史編集委員会編『調布の近現代史料 第一集』（調布市、一九九三年）四七六頁。原史料は東京都公文書館所蔵。
(4)佐藤孝太郎監修・清水正之著『京王五十三次』（京王多摩文化会、一九六二年）三六頁。
(5)世田谷区生活文化部文化課文化行政係編『ふるさと世田谷を語る 上北沢・桜上水・赤堤・松原』（一九九六年）一〇九頁。
(6)前掲『京王五十三次』三九頁。

(7)上北沢桜上水郷土史編さん会『わたしたちの郷土』（一九七七年）一五七頁。
(8)前掲『ふるさと世田谷を語る 上北沢・桜上水・赤堤・松原』一一七頁。
(9)前掲『ふるさと世田谷を語る 粕谷・上祖師谷・千歳台・船橋・八幡山』一六〇頁。
(10)関根治子・滝沢仁志『京王線歴史散歩』（鷹書房、一九九〇年）五六～五七頁。
(11)世田谷区生活文化部文化課編『ふるさと世田谷を語る　烏山・給田』（一九九七年）一一七頁。
(12)前掲『ふるさと世田谷を語る 上北沢・桜上水・赤堤・松原』一三一頁。
(13)前掲『ふるさと世田谷を語る 粕谷・上祖師谷・千歳台・船橋・八幡山』一一八頁。
(14)前掲『ふるさと世田谷を語る 粕谷・上祖師谷・千歳台・船橋・八幡山』一一一八頁。
(15)前掲『ふるさと世田谷を語る 上北沢・桜上水・赤堤・松原』一〇九頁。
(16)前掲『ふるさと世田谷を語る　烏山・給田』九三頁。
(17)前掲『ふるさと世田谷を語る 粕谷・上祖師谷・千歳台・船橋・八幡山』一一四頁。
(18)今津博・田中一亮『昔の代田　改訂版』（二〇〇八年）一九頁。
(19)越沢明・栢山まどか『上北沢住宅地の歴史とまちづくり　プラニング・ヘリテージとしての旧北澤分譲地』（一般財団法人住宅生産振興財団、二〇一三年）二六頁。
(20)前掲『上北沢住宅地の歴史とまちづくり　プラニング・ヘリテージとしての旧北澤分譲地』二九頁。
(21)前掲『わたしたちの郷土』一五九頁。

# 第五章　環状鉄道の夢の跡
## ――帝都電鉄から井の頭線へ

大宮八幡神社中門（絵葉書）

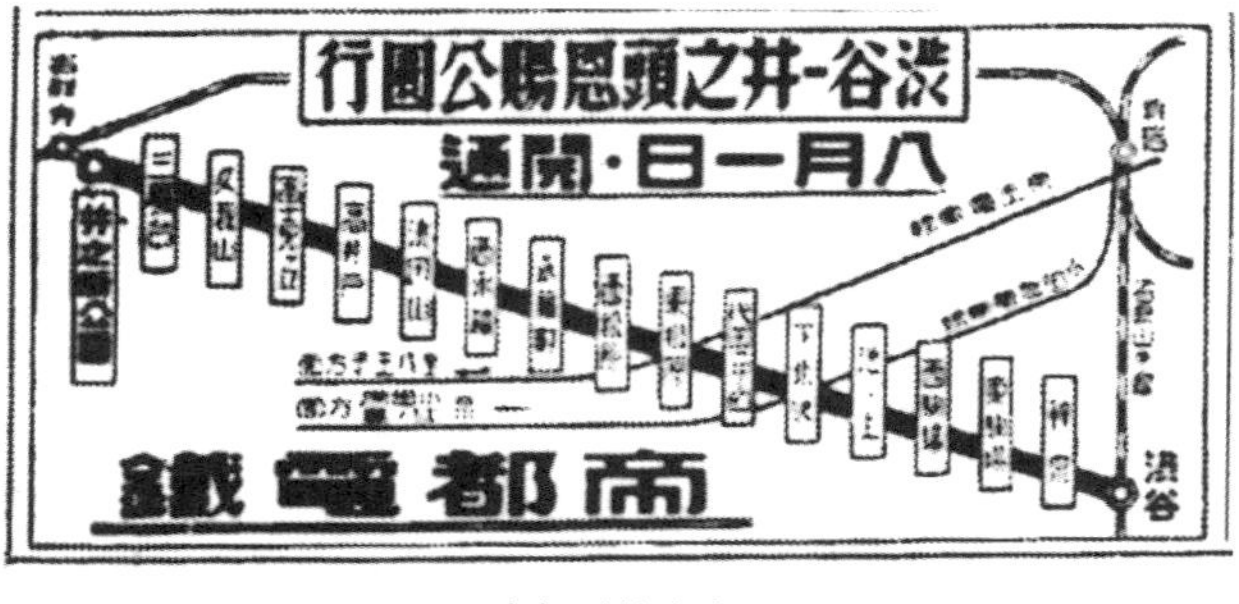


帝都電鉄広告

## 帝都電鉄と環状鉄道建設計画

京王線のなかでも井の頭線はやや異質な存在です。列車の形式や色も他の京王本線とは異なりますし、相互乗り入れもありません。その原因はレールの軌間（ゲージ）が異なることによるのですが、さらに元をただせば、井の頭線が元々京王とは別系列の鉄道会社であったことによります。井の頭線のかつての名称は帝都電鉄株式会社と言いました。同社のルーツは一九二八年九月に創立された東京山手急行電鉄といいます。当時の私鉄としては珍しく郊外地域を外輪状（大井町－世田谷－中野－滝野川－洲崎）に結ぶ第二の山手線として計画されたものでした。社長には小田原急行鉄道株式会社（現小田急電鉄）の創業者でもある利光鶴松が就任しており、同社が京王よりもむしろ、小田急の系列に近い会社であったことがわかります。

こうして設立された東京山手急行電鉄でしたが、その構想は折からの昭和金融恐慌（一九二七年）や、これに続く世界恐慌（一九二九年）の影響で中断されてしまいます。しかし当時、当時渋谷－吉祥寺間の路線免許を持っていたにも拘わらず、資金面から用地買収や工事が進んでいなかった渋谷急行電鉄という会社に目を付けた東京山手急行の経営陣は、社名を東京郊外鉄道と変更して一九三一年に渋谷急行電鉄を買収し、その後社名を帝都電鉄と変更して一九三三年八月に渋谷－井の頭間を開通させました（吉祥寺への乗入れは翌三四年四月）[(1)]。複雑な買収劇ですが、ここでは井の頭線が元々小田急資本に近い会社であったこと、東京西郊の新たなターミナルとして渋谷という土地が注目されはじめていたことをご理解頂ければ十分かと思います。

こうして開業した帝都電鉄ですが、その後の業績は芳しくなく、一九三三年から三四年にかけて減資を行い、当初の環状鉄道計画は放棄されることになります、一九四〇年五月には小田原急行鉄道（現在の小田急電鉄）に合併され、さらに一九四二年五月小田原急行鉄道が東京急行電鉄（現在の東急電鉄）に合併されました。この時から帝都線は東急「井の頭線」と呼ばれるようになったのです。井の頭線という名称は東急時代の遺産と言うこともできます。[2] その後、井の頭線は京王グループに属することになるのですが、本章では主に帝都線時代の沿線の歴史を見てゆくことにしましょう。

## 帝都電鉄による用地買収

帝都電鉄は渋谷急行鉄道買収からわずか二年近くで開業しているわけですが、その間の用地買収にはしたたかな交渉術が用いられた形跡があります。『京王帝都電鉄３０年史』には「鉄道開通で一番利益を受けるのは沿線地主であるから、用地は寄付させようと会社幹部が総出で地主との交渉にあたり、成果を収めたという。今でいう受益者負担主義で臨んだ訳である」と述べられています。[3]「受益者負担」とは、都市計画や鉄道のようなインフラ整備による、周辺地の地価上昇などの経済的利益の「受益」を根拠として、沿線土地所有者が開発用地や工事費を負担するという考え方・方法のことです。高井戸地域住民の回想として「井の頭線を誘致して町を発展させようと、線路敷地の土地を半値で提供するなどして土地の人達は大変な努力をした」[4]という話が残っているように、完全に無償で用地を提供したということはないと思われますが、市場価格を下回る価格での買収を沿線地主が迫られた事例はあったようです。用地買収価格について「線路敷地の買収価格は、水田が坪一円、畑が坪八円の割りでした。当時の地価は凡そ水田が坪五円、畑はすぐ宅地になるので十五円から二十円くらいでした」[5]との証言もあり、市場相場の半額以下での買収が実施された事例もあったようです。このような価格交渉が可能であった理由として、「帝都電鉄会社は、計画線を三本発表して、地主たちの誘致運動を競争させ、土地を安く、且つ、駅用地を無料で提供させました」[6]という証言が残っています。三本の計画線がどのようなルートであったのかは明らかではありませんが、交渉が長引けば別のルートを選択されるかもしれないという交渉圧力によって、沿線地主側が安価な価格での買収に応じた側面があったもののようです。近年ではブランド沿線として賑わう井の頭線沿線ですが、このような沿線土地所有者の努力と犠牲の歴史の上に成り立っているものと言えるでしょう。

また京王本線でも新宿―笹塚間の開業が遅れたように、ターミナル駅に近い地域では地主の抵抗が強まる傾向は、帝都電鉄でも見られました。ターミナル付近では路線を変更することも難しいので会社側の交渉力も低下します。『京王帝都電鉄３０年史』では、「渋谷付近は多額の買収費用を要するところから、地下の使用権だけを取得して隧道式にした」と述べられています。[7] 渋谷の神泉町、円山町付近はすでに市街地化が進んでおり、買収そのものが難しく、また買収費を節約する観点からも、当初から地下化が選択されたということのようです。

## 帝都線建設時の風景（新代田付近）

代田とは世田谷の旧村名から来ていますが、地名の由来は同地に窪地が多く、それが「だいだらぼっち」の足跡だと言い伝えられたことによるという説があります。新代田駅は開業時には「代田二丁目」と名づけられていましたが、一九六六年に現在の駅名に改称しています。

二年間前後という短期間で行われた帝都線の工事ですが、代田居住の今津博氏、田中一亮氏が記した『昔の代田』には、当時の工事の様子が鮮明に描かれています。「線路用地の工事が始まった。今日のような大型土木機械が有る時代ではない。専ら人力で、用具はツルハシ…シャベルの類い。掘った土はトロッコを用い下北沢から池ノ上の間の嵩上げ用に運ぶのであるが、このトロッコの台上に高さ約五〇cmの板枠をおき、これがいっぱいになると一〇台くらいを連結し、気動車で牽引して行く。このトロッコは我々少年には何とも言えない魅力的な用具であった。（中略）一日の工程が終わると、工事人はトロッコを線路から外し裏返しにして帰る。これからが我々の出番になる。餓鬼大将の合図があると数人の手下が現れ、力を合わせてトロッコを線路の上に戻す。トロッコを押してから飛び乗る者、乗っていてブレーキの操作をする者。歓声を揚げてしばし楽しんだ後、またトロッコを元に戻して帰る。時には見回りの者に見つかってクモの子をちらすように逃げ延びる。帝都電鉄には開通以前から随分無賃乗車させてもらったことになる」[8]。現代から考えれば危険極まりありませんが、当時の子供たちにとって、鉄道建設工事はそれ自体が心をときめかせる出来事であったのでしょう。

また帝都線は短期間の突貫工事に加え、資金不足のなかで実施されたため、レールには当初中古品が用いられており、そのため列車の乗り心地も悪く、速度も出づらかったとの話があります。久我山の住民の回想として次のような記述があります。「一本の長さ一〇米のぐにゃぐにゃ曲ったレール。その上を走る電車は上下左右によくゆれた。レールの側面に「一八八〇年・ロンドン」の文字が浮き出ていた。新橋―横浜間の鉄道が設計・着工・運転まで英国人の手ですすめられたのが明治三年（一八六九年）三月だったそうで、久我山で見たロンドン生れのレールは一度退役、二度目のおつとめだったのかも知れない。その後、何年かたって、駒場の駅舎改築に使われているのを見たことがある。今でもどこかで一八八〇年・ロンドンが生き残っているかもしれない」[9]。かつて官営鉄道で用いられた輸入品のレールが当初再利用され、その後駅舎の骨材として再利用されたもののようです。

## ふたつの駒場駅の統合

井の頭線の駅は、その多くが一九三三年（昭和八）年開業時の駅ですが、駅の統廃合が行われた唯一の事例が駒場東大前駅です。同駅は開業時には「東駒場」、「西駒場」という二つの駅がありましたが、その後一九三五年に第一高等学校（現東京大学教養学部）の駒場移転に伴い「東駒場」が「一高前」と改称し、戦後一九五一年に「東大前」と再び改称しました。一方「西駒場」駅は一九三七年に「駒場」と改称しましたが、一九六五年に両駅を統合して「駒場東大前」駅が新設されたという経緯があります。

西駒場駅はかつての東大農学部（元駒場農学校）の敷地内にあり、附近に住宅が少なかったため乗降客の少ない駅であったそうです。開業当時は「一両編成の電車なので車掌は大声で〝次は西駒場　お降りの方はございませんか〟と叫び、だれからも返事がないと、運転手に合図のベルを押す。駅に乗客の姿が見えないとそのまま、通過してしまう。まことにのんきな時代であった」(10)と回想されています。

## 商業から文化の町へ―下北沢

井の頭沿線のなかでも若者を中心に特に賑わいを見せているのが、小田急線との交差駅でもある下北沢です。地名の由来は明治期の旧村である下北沢村（一八八九年に世田谷村の大字となる）に由来します。かつての村の中心は駅南側にある北澤八幡宮周辺で、お茶やお灸の産地として知られる近郊農村でしたが、小田急線（一九二七年）、帝都線（一九三三年）の開業により駅周辺の商業地化が進行していきました。新宿・渋谷の双方に短時間で到達できる利便性から、将校クラスの軍人や高級官僚も付近に移り住むようになったほか、横光利一、萩原朔太郎などの文化人も好んで同地に居住するようになりました[11]。

戦後の下北沢は進駐軍の放出物資などを売買する闇市を中心に賑わいを取り戻してゆくことになります。渋谷などでも言われることですが、進駐軍放出物資の流通が下北沢に「ファッションの街」としての性格を付与してゆくことになったようです。一九七〇年代になると新宿、渋谷から小田急線、京王線経由で下北沢に当時の演劇・音楽文化が流れこんできました。一九七九年に本多劇場建設用地で「第一回下北沢音楽祭」が開催され、八二年には本多劇場がオープンしました。その後同劇場をはじめとして劇場やライブハウスなどの集積が進んでゆき、下北沢は演劇・ライブの町として全国に知られるようになってゆきました[12]。下北沢駅では現在でも井の頭線と小田急線の中間改札がありませんが、これはかつて井の頭線が小田急傘下にあったことの名残りによるものです。

## 「火薬庫前」から「明大前」へ

今日学生街として賑わいを見せる明大前駅ですが、世田谷の章でも述べましたように、これは一九三四年に明治大学予科（現和泉キャンパス）が移転してきたことによります。同駅付近は井の頭線が甲州街道と交差する形になりますが、この付近の甲州街道北側には築地本願寺和田堀廟所を始め、真教寺、託法寺、善照寺、浄見寺、法照寺、栖岸院、永昌寺、竜泉寺の九寺院が立ち並んで寺町を形成していました。この付近には、既に述べましたように陸軍の火薬庫が存在していましたが、その理由は江戸時代から甲州街道沿いの武器・弾薬補給地として幕府焔硝蔵が置かれていたことに由来しています。付近は寺の敷地が多かったため雑木林が多く、明治、大正の時代には狐や狸が数多く棲む、のどかな農村地帯であったと言われています。ただし火薬庫があることについては付近の住民の警戒意識も強かったようで、一九二三年の関東大震災の際には、暴徒が火薬庫に押し寄せてくるとのデマが飛び、付近の村々から日本刀や猟銃で武装した自警団が集まり、甲州街道を逃げて来る避難民を取り調べて大変な騒ぎになったと伝えられています。[13]

井の頭線の駅は開業時「西松原」駅と呼ばれており、京王線の「松原駅」から三百メートル近く離れた場所に設置されていました。元々は別会社でしたから、接続駅の調整がなされなかったもののようですが、その後乗客から乗り換えが不便であると不満が高まった結果、一九三五年に両駅を統合し、明大予科にちなんで「明大前」駅となり、今日に至っています。

井の頭線は永福町から久我山までの区間、杉並区内を通過します。杉並区は関東大震災後の東京市域拡張の一環として一九三二年に新設された区です。「杉並」の由来は江戸時代、区内を横断する青梅街道沿いにかつて杉並木が存在していたことにあるそうです。永福という地名は永福町駅南方にある曹洞宗の寺院に由来しています。西永福駅の北側には武蔵国三大宮と称される大宮八幡があり、その門前町が形成されていましたが、その他の地域では帝都線の開業時には市街地化が進んでおらず、豊かな武蔵野の田園風景が広がっていました。帝都電鉄は永福町以西の不動産事業に力を入れ、住宅資金の貸付けを実施するなどして永福周辺の住宅建設を推進した結果、軍人、企業家などの邸宅が徐々に立ち並ぶ「お邸町」を形成していったと言われています。戦後になると彫刻家佐藤忠良や、演出家の千田是也などの文化人も居住するようになったことが知られています[14]。

## 「お邸町」永福町と区画整理

こうした沿線開発の背景には住民の積極的な参加もあったようです。住宅地の発展のためには、道路や排水路の整備を含めた区画整理が必要になります。沿線住民は帝都電鉄に安価で土地を売却する一方で、沿線地域の発展を目指して積極的な区画整理事業に取り組みました。永福・西永福では帝都線開業翌年の一九三四年一二月、関係地主六九人による、杉並区永福町第一土地区画整理組合（組合長・石井鋳三郎）が設立され、鉄道道路から南側、荒玉水道道路より西側、浜田山一部を含む四万七五八九坪の区画整理に着手し、一九四〇年に工事を完成させたといいます。[15]具体的には幅員一一メートル道路に歩道を設け、面積七六一坪の西永福公園を作り、六〇坪の土地を駅前広場に寄付しました。当時まだ歩道のある道路は少なく、民間区画整理組合による歩道付道路の建設は話題になったそうです。[16]

また隣接する和泉町でも沿線地主が子弟に測量技術を学ばせ、自費で道路工事と排水用のU字管の埋設工事を行うなど、土地所有者による自発的な宅地基盤整備が進められたといいます。和泉町で南北は幅四メートルと六メートルの道を交互に作り、東西は幅六メートル道路にすることとしました、また、一区画が一五〇～二〇〇坪になるように、路地は作らず、家は必ず道路に面して建てるような区画にして、品の良い住宅地になるような設計図が作られ、約二年間で工事を完成させたといいます。また賃貸に出す宅地は五、六〇センチ高くなるように、道路を低く掘り下げ、道路面に石を積み、二、三段の階段を作るなど、所有地を高級住宅街とするべく様々な工夫が凝らされたのです。[17]

## 高井戸駅付近の風景

高井戸はかつて甲州街道の宿があったところであり、当初は日本橋を出発して最初の宿として栄えていましたが、内藤新宿の新設により経済的打撃を受けたという話が伝えられています。[18]

加えて甲武鉄道（現ＪＲ中央線）が北の荻窪を通過して商業的発展を見るようになった結果、高井戸の住民はバスに乗って荻窪へと出掛けることが多くなりました。この傾向は京王線の開業によっても大きく変わりませんでしたが、帝都線が開業すると住民は渋谷や吉祥寺方面に活発に移動するようになり、同時に高井戸に流れてくる人の動きも増加していったといいます。[19] 高井戸駅が設置されたのは神田川沿いの水田地帯であったそうで、荻窪−烏山南北道路（現環状八号線）の上を通るためガードを高く盛土する必要があり、水田を埋め立て盛土をして高台の駅が建設されました。盛土には富士見ヶ丘駅へ向かう切通し工事の残土が用いられました。[20]

駅開設時の状況については「開通当時の電車は、車体がハイカラなボギー車と云って大変高級感あり、郊外電車に相応しいものであった。高井戸駅を始め多くの駅は無人駅で乗り降りする人も少なく、電車の通る間隔は二十分に一本で一両である。因みに、高井戸−渋谷間の所要時間は二十分、運賃は十六銭なり」[21]と伝えられています。高井戸駅周辺の田園風景は開業後もしばらく乗客の眼を楽しませていましたが、戦後になると徐々に沿線の宅地化が進行し、その姿を消してゆきました。

## 久我山駅と東郷青児邸

久我山とは旧高井戸村の大字名であり、江戸時代には久我山村と称していた地域です。地元では「こがやま」と発音されていたそうですが、帝都電鉄が駅名に「くがやま」とふりがなをつけたことにより、以来、地元でも「くがやま」と発音するようになったと言われています。[22] 久我山駅付近は中央線と京王本線にちょうど挟まれる位置にあったため、帝都線の開通を住民は歓迎したようです。「町民は便利になるので大喜びでした。其れまでは何処へ行くにも西荻窪駅か、京王線の上高井戸停留所（現在芦花公園駅）まで歩まねば、電車に乗れない不便な土地ですから、町の人々が喜ぶのも無理ない事でせう。今迄静かな農村も急に活気づいて来ました」という回想が残されています。[23]

駅の設置については、当初現在地より西寄りの久我山稲荷神社北方に計画されていましたが、現在駅のある地域の地主達が坪三円で駅を誘致することに成功したといいますが、開通当時の駅はホームだけの無人駅であり、一日の乗降客は五〇人足らずであったそうですが、その後小さい駅舎も出来て、食堂や商店が開店し便利になってゆきました。駅の北側坂道も拡張・舗装され便利になり、駅南側にあった険しい坂道も、地元地主が宅地分譲に伴い新道を私費で玉川上水まで建設した結果、駅周辺の整備が進んでゆきました。[24] 久我山駅付近には洋画家の東郷青児がアトリエを構え、その広大な造りが付近住民の眼を見張らせたといいます。[25]

## 井之頭恩賜公園と吉祥寺への延伸

杉並区を抜けた井の頭線は、三鷹市を通り、武蔵野市の吉祥寺に到着します。開業当初の終点であった井の頭公園は、三鷹市と武蔵野市にまたがる広大な都立公園です。井の頭池周辺は一八二二年以降宮内省の御用林でしたが、一九一三年（大正二）、東京市が井の頭池周辺と御殿山を郊外公園とするため、宮内省に同地の無料借用を申請しました。東京市の人口増加により市民のレクリエーションの場として郊外公園が必要とされたこと、同地にある井之頭学校生徒の演芸実習場所の確保が申請理由であったといいます。その結果、同年御料地は下賜されることが決まり、東京市は加えて周辺の民有地を買収して、一九一七年五月に総面積二八・五ヘクタールの公園を「井之頭恩賜公園」と名付けて開園しました[26]。その後同園内には井の頭恩賜動物公園の開園（一九三四年）、水族館の開設（一九三六年）などが行われ、戦後には水生植物圏の完成（一九五八年）など東京西郊を代表する都立公園として住民に親しまれる存在となってゆきました。

中央線との連絡駅となる吉祥寺に帝都線が接続したのは、一九三四年四月一日のことでした。井の頭公園–吉祥寺区間は同線建設のなかでも屈指の難工事であり、吉祥寺駅の手前で水道道路と立体交差をしなければならず、また同駅との連絡の必要上、路盤を高く盛り上げなければならなかったからであると言われています。また当時は工事用の土砂不足も深刻化し、一年近くの

井の頭恩賜公園（絵葉書）

遅れが生じてしまいました[27]。しかし吉祥寺への接続の結果、中央線沿線の渋谷方面移動客の吸収が実現し、その後の井の頭線発展に大きく資することになったと言えるでしょう。

## 井の頭線の京王への譲渡

一九四二年に東急傘下となった井の頭線ですが、戦後一九四八年いわゆる大東急が再編される際、同線は京王線とともに京王帝都電鉄として再出発することになります。設立の経緯から関係の深かった小田急ではなく、京王に組み込まれた理由は、戦時期に主要な副業部門である京王閣、電灯・電力事業部門、参加の自動車会社の多くを失っていた京王の再建が危ぶまれたからであると言われています[28]。井の頭線自体も戦災の被害が激しく、その再建は容易な道筋ではありませんでしたが、戦後東京の人口増加と沿線地域の発展の結果、井の頭線沿線は京王沿線のなかでも独自のブランドを持つ地域として存在感を発揮しています。

**［註］**

(1)京王帝都電鉄株式会社総務部編『京王帝都電鉄３０年史』（一九七八年）四一〜四三頁。
(2)前掲『京王帝都電鉄３０年史』四四〜四五頁。
(3)前掲『京王帝都電鉄３０年史』四三頁。
(4)内藤祐作『高井戸の今昔と東京ゴミ戦争』（二〇〇五年、明るい生活社）四九頁。
(5)森泰樹『杉並郷土史下巻』（一九八九年）四二三頁。
(6)前掲『杉並郷土史下巻』四二三頁。
(7)前掲『京王帝都電鉄３０年史』四三頁。
(8)今津博・田中一亮『昔の代田 改訂版』（二〇〇八年）二九頁。
(9)唐島実「久我山駅でみつけたロンドン」（『くがやま』NO.14、一九八二年、久我山書店）二頁。
(10)前掲『昔の代田 改訂版』三五頁。
(11)大谷英之編『下北沢ものがたり』（株式会社シンコーミュージック・エンタテイメント、二〇一四年）二二一〜二二四。
(12)前掲『下北沢ものがたり』二一六〜二一八。
(13)前掲『杉並区史探訪』一六三頁。
(14)昭和史懇話会『わたしたちの昭和』（一九九〇年）一四〜一五頁。

⒂前掲『杉並郷土史下巻』一〇四頁。
⒃前掲『杉並郷土史下巻』一〇四頁。
⒄前掲『杉並郷土史下巻』一〇五～一〇七頁。
⒅関根治子・滝沢仁志『京王線歴史散歩』（鷹書房、一九九〇年）一九四～一九五頁。
⒆前掲『高井戸の今昔と東京ゴミ戦争』四八頁。
⒇前掲『高井戸の今昔と東京ゴミ戦争』五〇頁。
(21)前掲『高井戸の今昔と東京ゴミ戦争』五〇頁。
(22)秦十四雄「久我山の移りかわり」（『くがやま』NO.2、一九四五年、久我山書店）五頁。
(23)中村静尾「暗かった駅前通り」（『くがやま』NO.2、一九四五年、久我山書店）三頁
(24)秦暢三「戦前の久我山」（『くがやま』復刊NO.4、一九八一年、久我山書店）二頁。
(25)中村静尾「暗かった駅前通り」（『くがやま』NO.2、一九四五年、久我山書店）三頁。
(26)公益財団法人東京動物園協会編『井の頭自然文化園の七〇年』（二〇一二年）三四頁。
(27)前掲『京王帝都電鉄３０年史』四三頁。
(28)京王電鉄株式会社広報部編『京王電鉄五十年史』（京王電鉄株式会社、一九九八年）四八頁。

# 第六章　「東洋のハリウッド」
## ——京王線と調布市

調布を走る京王電気軌道の電車（写真提供：調布市郷土博物館）

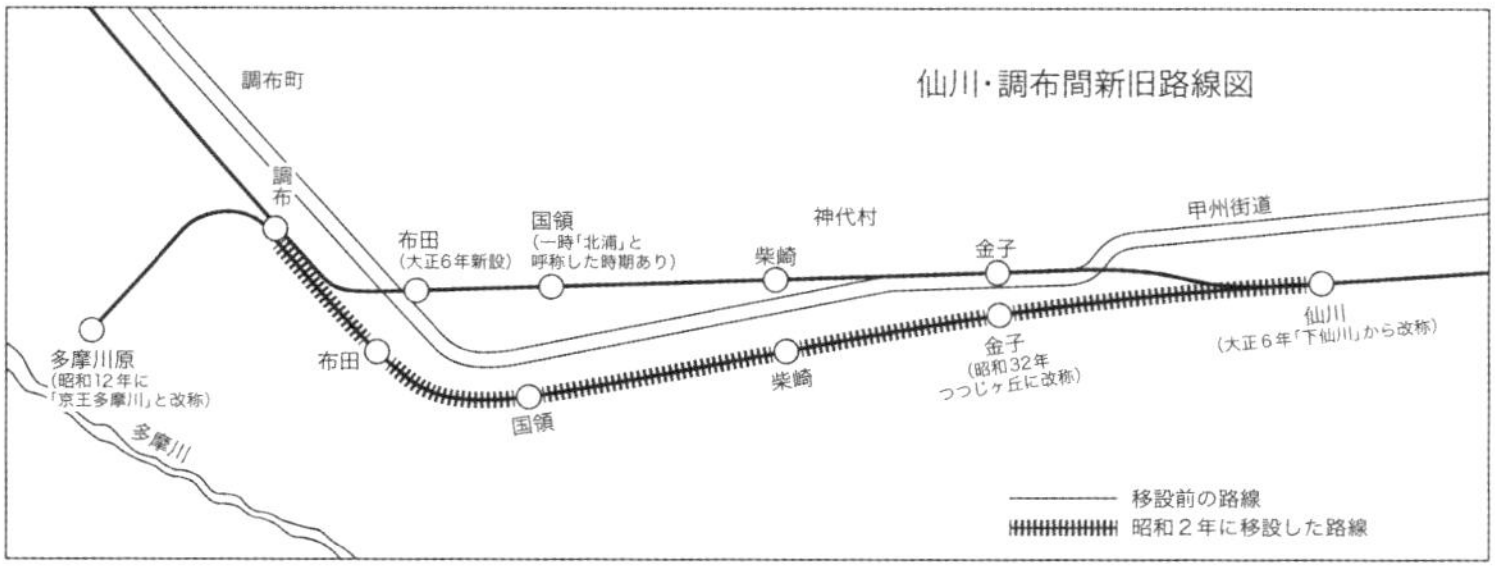


『京王帝都電鉄30年史』より

調布市には仙川・つつじヶ丘・柴崎・国領・布田・調布・西調布・飛田給・武蔵野台及び京王多摩川と一〇の駅が存在し、市域を横断しています。しかも同市域には（西武多摩川線がわずかに接している他は）、他に鉄道が存在せず、事実上京王線と近代の歩みを共にしてきた市域であるということが出来ます。以下その歩みを追ってみたいと思います。

## 調布の来歴

調布市は世田谷区の北西、三鷹市の南方、府中市の東隣に位置する東京西郊の市の一つです。一八八九年の市町村制によって調布町と神代村が誕生し（神代村は一九五二年に町制に移行）、この二町が戦後の一九五五年に合併して市制を敷き、現在の市域が形成されました。調布市域の特徴は、市域を東西に横断する甲州街道と、市域南部を流れる多摩川にあると言えます。調布市市街の母体となったのは、この甲州街道上の上石原・下石原・上布田・下布田・国領の、いわゆる布田五宿であり、市域はこの五宿を貫く甲州街道沿いに発達したものであると言えます。街道の北に位置する旧神代村には、天平時代の開創と伝えられる古刹深大寺があり、永く信仰を集めてきました。

しかし調布を横断する甲州街道は、江戸時代のいわゆる「五街道」のひとつとして知られていますが。甲州街道沿道地域が東海道のように江戸時代から栄えてきたかという点については異論もあります。『調布市百年史』では「甲州街道も、必ずしも経済性において重んじられたわけではなく、むしろ軍事的、政治的な意味の方が重かった。経済性からいえば、多摩川の舟運のほうがまさっていたであろう。（中略）江戸時代において、この街道を江戸に上る大名も、信州高遠藩の内藤氏、飯田藩の堀氏、高島藩の諏訪氏三藩八万石の参勤交代を数えるにすぎず、天領である甲府勤番の江戸への利用も多くはなかった。したがって甲州街道の道路の状態はかなり悪かったのである」[1]と述べられており、沿道地域が東海道のように発展していたわけではなかったことを指摘しています。さらにこうした状況は明治期に入っても大きく変わらず、「明治の資本主義の発展が東海道沿いにまず行なわれ、海岸沿いに都市の発達がみられて、内陸の開発はあとにとり残された」[2]ことにより、調布市域の発展は明治期には目立たないものでした。さらにこの傾向を強くしたのが、一八八九年（明治二二）に新宿－立川間で開業した甲武鉄道（現ＪＲ中央線）が市域から北に外れた武蔵野・三鷹市域を通過したことでした。甲武鉄道が旧甲州街道沿いを避けた理由が、街道地域の反対運動によるものであったのか否かは、すでに述べたように異論もあるところですが、いずれにせよ甲武鉄道開業により、調布町・神代村域が発展から取り残される懸念が強まった結果、同地で鉄道敷設要求が高まることとなりました。

## 京王線の建設・開通

京王電気軌道の軌道敷設工事は、一九一二年（明治四五）六月八日に起工しました。起工式は調布尋常高等小学校庭（現、調布駅南口広場）にて行われ、その席上で当時の調布町長矢田部茂八は「吾等町民ハ日夜千秋営々トシテ之ガ敷設ヲ思フコト久シカリキ」という万感を込めた祝辞を述べています。[3] この矢田部町長は、京王線に自らの土地を提供するなどして、線路の誘致に貢献したと言われています。[4]

路線工事のため、作業員が当時まだ農村であった調布市域に入ってくることについて、地元では拒否反応もあったようです。しかし当時子供だった住民のなかには次のような回想を残している人もいます。「しるしばんてんに腹掛けの工夫さんが二人ずつ向かい合ってツルハシで枕木へ砂利を突っ込む。「タカショコンケンケン」とい、声で調子をとってザクッザクッと突っ込む工夫さんは骨の折れることだろうが聞いている方はのどかでい、気分だ。学校へ行ってもタカショコンケンがはやって先生に叱られた。電線を張る工夫さんが切れはしを落とすのを拾うのが楽しみだった」[5]。子供たちにとっては工夫の風俗や工事に用いられる資材が好奇の対象でもあったことが伝わってきます。

京王線は一九一三年（大正二）四月十一五日に笹塚―調布間で営業がはじまり、その後、一九一五年に新宿まで開通しました。開業当初の路線は、今日の京王線の路線と一部異なっており、金子駅（現つつじヶ丘）から甲州街道の北に向かって、柴崎・国領の各駅は街道の北に設けられて、布田停車場で街道と再び交差して南側に移るルートを辿っていました。[6] 開業当初の車両は一両編成の路面電車に近いもので、当時の運転風景について次のような回想が残っています。「大正四年頃から新宿、調布間が開通して漸く便利になった。とは言え電車は一号から六号までの六輌だけ。それも東京市電の払い下げ古電車をアヅキ色に塗り替えてⓀのマークをつけただけのもの…。運転台は前面に硝子がないので雨降りにはズキンつきの雨合羽を着て運転した。滝坂を下るときなどは真鍮の大きなハンドルを力いっぱいギリギリ巻いてブレーキをかける。当時の運転士はなかなかの重労働だった。一時間おき位に通る電車だから乗りおくれると長く待たされる。よくしたもので大声で手をあげてかけてゆくと電車が待っていてくれる。車掌も運転士も客も皆んな顔なじみで何とも温かいふんいきである。その代わり金子の交換場で五分や十分待たされるのは普通だった」。[7]「駅は改札がなくて、乗ると大きなカバンを首から下げた車掌さんがとんできて切符を切り、精算した。窓からトンボのでっかいのが入ってきて、電車の中で止まったり飛んだり、車掌が捕まえようとしたりした。一両きりで、五人か六人しか乗っていない。戦争前は新宿まで二十銭だった」。[8] 現在とは異なり列車の速度も遅く、乗客もさほど多くはなく、なんとものどかな運行風景であったようです。そのため、京王電軌の営業成績も関東大震災前には思わしいものではありませんでした。「大正五年の暮れ頃、府中まで開通したが、ひどい不景気で電車もお客がなく朝夕でも七人か八人、昼間など運転士と車掌だけのカラッポが多かった。線路内が夏草でおおわれ、電車の通る度にザーッと草をなびかせて走った。草取りの手間賃を支払うにも苦しい状態だったと聞く。額面五十円の株第一回払込十二円五十銭の株が一円から二円と値下がりしても買い手がなかった。京王は潰れてしまうだろうなどと噂された」[9]と、沿線住民からも心配される状況であったようです。

## 沿線を照らす電灯と農村の変貌

開業時の沿線風景として外せないのが、世田谷の章でも述べた電灯事業です。電灯事業は電車の開通に先行して開始されており、一九一一年（明治四四）七月四日、電気事業経営の認可を得て荏原郡松沢村・北多摩郡・八王子を除く南多摩郡への送電を認められました。これによって電車開業に先立つ一九一三年（大正二）一月一日に電気供給事業を開始しています。当初発電は同社の府中火力発電所で行われ、最初の電力供給は、調布町・多磨村・府中町・西府村の四か町村に対して行われました。神代村への電気供給は少し遅れ、一九一六年（大正五）からのことでした。[10]当時の電灯はカーボン電球という、今日に比べれば暗いもので、一軒家などでは電柱設置費は自己負担であったと言われています。電灯は夕方に自動点灯し、朝には消灯するという方式のもので、今日からすれば日中は使えないという不便なものですが、それでも当時はこんな便利なもの初めてだと大喜びであったそうです。料金は一カ月五燭は五〇銭とか、一〇燭は七〇銭と言うような定額料金であり、毎月京王の社員が集金に回ったということです[11]。いずれにせよ、それまでは行灯や小ランプの薄明りで夜を凌いでいた沿線の住民にとって、電灯の灯りは「文明開化」の象徴であったことのようです。

京王線の開業により、沿線の農村部でも土地の売買が活発化しました。調布町付近では、明治末の土地価格は畑で坪一円くらいの売買が多く、大正期には坪二円くらい、昭和初年のころには三円くらいで取引されていたとの証言があります[12]。そもそも農地は坪（約三・三平方メートル）という小さな面積単位での取引は一般的でありませんでしたから、坪単位での取引が発生したこと自体、宅地を想定した土地取引が発生していたことをうかがわせるエピソードです。調布・神代地域は中心地が西北部から東南に向かって流れる多摩川と野川の河岸段丘上に立地しているため、段丘上から多摩川方面を望む眺望が素晴らしく、これを好んだ都会の人士が、京王線開業前後のタイミングで、別荘を構える事例も増えてきたと言われています。代表的な例として、桂太郎邸、新田義美（男爵）邸、安藤直雄（男爵）邸、井伊直忠邸、田中銀之助邸、池貝正太郎邸、天野為之邸など存在したと言われています[13]。

多摩川の風景（絵葉書）

## 多摩川支線建設と砂利輸送

調布駅の今日の特徴は相模原線の分岐駅であることです。相模原線が多摩川を渡って開通したのは戦後の一九七一年のことですが、調布駅からの支線そのものは開業直後の一九一六年（大正五）に建設され、多摩川原駅（現京王多摩川駅）が開業されていました。たった一駅だけの支線がなぜ建設されたのか。原因の一つには多摩川の砂利がありました。そもそも、笹塚～調布間が最初の開業区間に選ばれた理由として、調布から分岐する多摩川支線による砂利輸送と遊覧客の確保があったと考えられています。京王電軌は、一九一一年（明治四四）八月二五日、本線の代々木～府中間の工事施工認可申請（同年一二月一五日）に先行して、調布から多摩川方面に分岐する支線の敷設を出願し、翌年四月九日に特許を得ていたのです。

会社がこの支線に寄せた期待は、貨車輸送による収益にありました[14]。当時多摩川の砂利は、鉄道敷設のためのバラスト（敷石）や、コンクリート建築のための原料として貴重な天然資源として注目されていたのです。

多摩川における砂利採掘は一八八〇年代から始まっていたと言われています。当時は河川敷地内で、人夫が砂利をふるい分け馬車で搬出していたそうです。砂利ふるいを業とする者のなかには多くの朝鮮人労働者も含まれており、多摩川べりに掘立小屋を建てて居住していたといいます。大正時代に入ると、セメントの需要増大と共に、砂利需要も増大し、京王電軌も前述の支線を建設しました。多摩川原駅から河原の中央までは砂利運搬専用の馬車鉄道が敷設されたそうです。多摩川原駅からは、二トン無蓋貨車一〇両に砂利を積込み輸送が行われました。特に関東大震災後は、復興需要によって砂利産業は隆盛を見せます。砂利採掘も人力から機械船による大規模化が進み、堤防外の民有地まで買収して採掘するほど採掘が過熱しました。一九三五年には機械船による砂利採掘は禁止されましたが、戦後になると復活し、堤防外の旧河川敷地内での大量採掘により、深さ一〇メートルの広い池が出来、魚釣りや水泳場となったと言います。その後河床低下が問題となった結果、一九六四年に、多摩川での砂利採掘は全面禁止となりましたが、その後もしばらく河川敷外で採掘が続けられたといいます[15]。

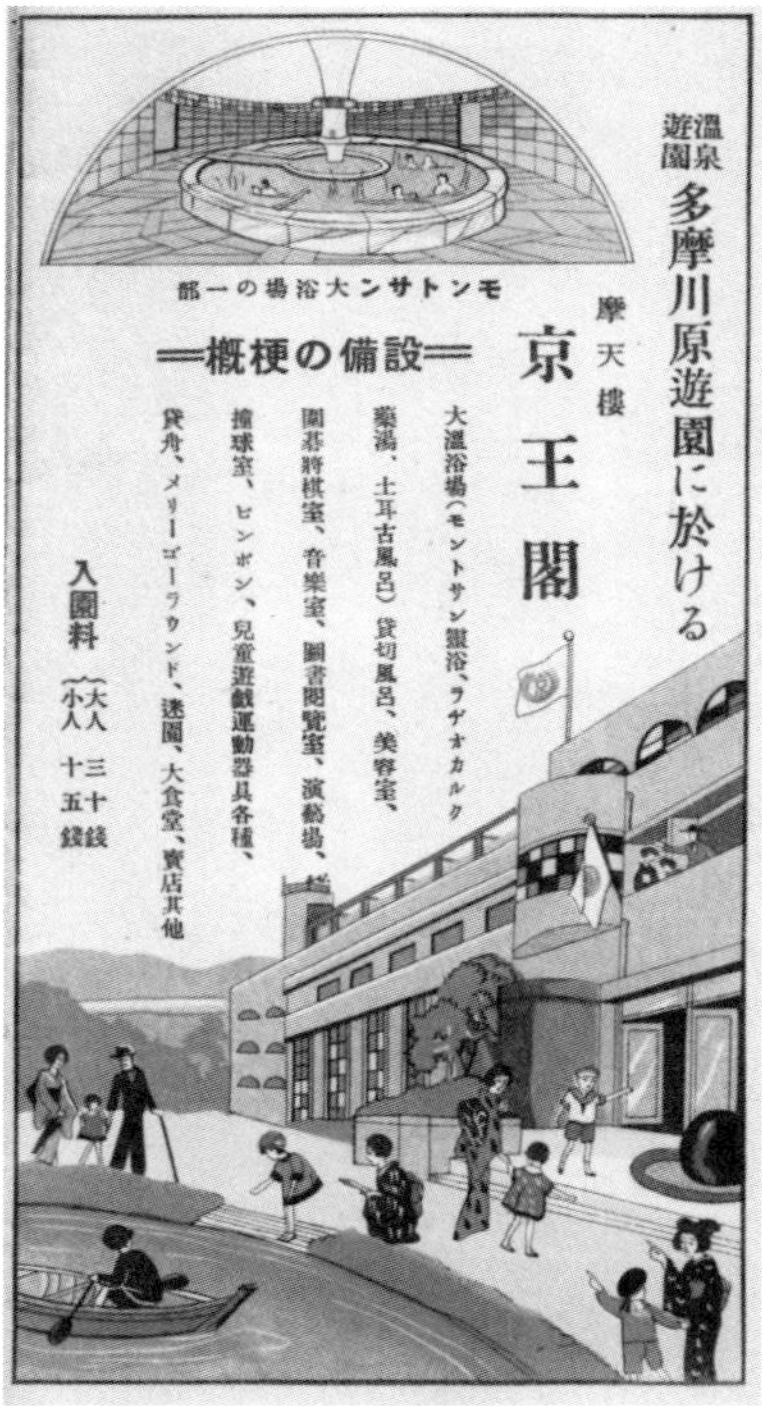

京王閣の広告

## 多摩川原遊園と京王閣

多摩川支線のもうひとつの目的は、多摩川での遊覧客需要の獲得であったと言われています。元来多摩川沿いは、風光明媚な景観で知られており、『江戸名所図会』には「多摩川は武蔵野第一の勝、日野津より以西は水石の美最も多し。鮎を以て名産とす」と記されていたほどです。砂利の乱掘が深刻化する以前は、水量の多いきれいな川で、鮎漁は近在きっての名物であったそうです。沿岸では春から夏にかけて、東京から数多くの団体客が来訪し、屋形舟を雇い鮎漁会を催し、川原では料理屋が賑わったのでした。対岸の稲田堤も桜の名所として有名であり、都内からも多くの人士が訪れる場所であったのです。京王電軌は、砂利輸送に加え、これらの景勝地への観光客誘致を多摩川支線のもう一つの目的としたのでした[16]。

戦前の京王電軌は経営難の問題もあり、あまり当時の私鉄のなかでは沿線開発に積極的ではありませんでした。そのなかで、多摩川沿いに同社が建設した京王閣と多摩川原遊園は注目される存在です。この遊園計画は、一九二一年に企画され、二六年には面積一万六千余坪からなる多摩川遊園地を開園しました。園内には藤だなや花園のある大池、大衆娯楽場、食堂、演芸場、運動場なども完備され、家族団欒向き観光地として、当時東京近郊のレジャーのはしりとも言える施設でした。なかでも当時注目を集めたのが、遊園地の中心になる娯楽施設として建設された「京王閣」です。その規模は鉄筋コンクリート三階建てで、広さ数百坪からなるモダンな建築物であり、一九二七年（昭和二）六月一日に開園しました。[17]京王閣の目玉は内部にあった「大ローマ風呂」と呼ばれた大浴場施設です。これは直径一〇メートル近いタイル張りの大円槽の中央に円形の島が置かれ、浴客は島を巡って自由に移動しながら、たっぷりと温泉を楽しむことができるというものでした。洗い場も広く、天井の大きな洋式デザインのガラス窓が、大きな特徴であったといいます。また一角にはむし風呂の設備もあり、近郊の大温泉として、連日引きもきらぬ家族連れで賑わったといいます。[18]この京王閣は、大東急時代の一九四五年に東京都に売却され、現在は「京王閣競輪場」として、わずかに面影の一部を残しています。[19]遊園地は戦後一九五五年に京王遊園が、五六年には東京菖蒲苑（後の京王百花苑）が開業し、沿線唯一の遊園地として人気を博しましたが、遊園地は一九七一年に廃業、百花苑も一九九七年に閉園となりました。[20]路線の殆どが都内にある私鉄としての性格からか、京王は社風としてレジャー開発に深入りしてこなかったように思えます。

## 映画村・東洋のハリウッド

京王多摩川駅付近が、かつて「東洋のハリウッド」と呼ばれた時期があるのをご存じでしょうか。現在でもこの地域には日活調布撮影所、角川大映スタジオなど、映画関連施設が存在しますが、そのルーツは一九三三年（昭和八）にこの地に日本映画社が設立されたことにあります。同社は京都の映画会社である東活映画社を出発点とするもので、同社から派遣された本多嘉一郎（戦後調布市長も務めました）が調査の末、この地に多摩川スタジオを設立したのでした[21]。調布を選んだ経緯について、本多は自らの回想において、それが政友会の代議士で、後に京王電軌の社長となる金光庸夫の紹介であったと述べ、さらに調布の水質が良く現像液に最適であったこと、立地的に現代劇でも時代劇でもロケーションの場所に困らないこと、そして近くにある京王閣のステージもロケに好適であり、在籍する踊り子も女優・エキストラとして最適であったことなどが立地選定の決め手となったと述べています[22]。

こうして設立された日本映画社多摩川スタジオでしたが、同社は短命に終わり日活映画会社による買収を受けました。その後一九四二年（昭和一七）に政府の統合政策を受け、大映東京撮影所となりましたが、それが戦後に全盛期を迎える日本映画の基地の一つとなります。一九五四年（昭和二九）には日活の映画製作も再開され、日本映画はその全盛期を迎えることとなりました。その後映画はテレビの時代を迎えて一時的に衰退の時代を迎えましたが、現在でも調布には日活、角川の映画関連施設が立地しているのです[23]。

## 大正末―昭和初期の路線変更

小田急線などの発足当初からの高速鉄道に対して、軌道法準拠の路面電車から出発した京王電軌は、その後の輸送力増強・高速化追求の必要性のなかで、路線の変更を何度か強いられることになった点に特徴があります。特に調布市域では路線の変更が顕著に見られました。

当初単線で建設された京王電軌は、一九二〇年（大正九）以降、順次複線化が進められてきました。これは一九一九年に地方鉄道法が公布されたことによって、府中以西の路線延伸は玉南電気鉄道という別会社が実施し、京王電軌としては既設路線の複線化に注力することが可能になったことによります。笹塚～上高井戸間の複線が開通したのが一九二〇年三月二七日、上高井戸～烏山間の開通が四月五日、金子（現在のつつじヶ丘）～調布間の開通が五月一五日、烏山～金子間の開通が六月二五日で、これによって一九二〇年六月末までに新宿～調布間は全て複線となりました。調布～府中間の複線化が完成したのは、それから少し遅れて一九二三年（大正一二）の五月一日のことです[24]。

この複線化の工事と同時期に、調布市域では、路線の変更も行われました。開業当初の京王電軌は、仙川－調布間で現在よりも北側の路線を通っており、二カ所で甲州街道（現在の旧道）と交差している状態でした。そのため金子（現つつじヶ丘）、柴崎、国領、布田の四駅も、現在とはかなり離れた場所に設置されていました。金子駅付近は甲州街道上を走る経路が存在することと、布田駅付近での甲州街道との交差点は運行上の難所で、「街道を横断する下布田踏切で、朝早い魚河岸買い出しのトラックが、下り電車と衝突し死人を出すような事もあったし、見通しの悪い下布田の急カーブで、犬や鶏が犠牲になったりした」[25]という回想が残されています。

京王線が複線化の工事を進めていた大正末から昭和初期にかけて、甲州街道でも拡張工事が行われたため、これを機会に線路を全体的に、甲州街道南側に切通しの新線を建設して移転し、併走、交差を解消し、かつ曲折や勾配の少ない専用軌道としたのでした。この仙川〜調布間の新軌道は一九二七年（昭和二）に完成され、同月一七日から使用がはじめられました[26]。これに伴い金子、柴崎、国領、布田の四駅も街道南側に移転されています。当時の新線建設では用地を坪一円で買収されたという地元の証言が残されています[27]。

## 戦時期の工場進出

昭和一〇年代に入ると、調布町と神代村にも工場の進出が相次ぐようになります。多摩地域における軍事施設の増加の流れに伴い、立川や府中同様、調布市域においても、軍事施設とそれに関連した軍需産業の工場が次々と新設されていったのです。当時の調布市域における工場立地の代表格は、東京重機製造工業組合（現・ＪＵＫＩ）の工場建設でした。これは一九三八年に陸軍の要望で東京の中小機械工業者九〇〇名が陸軍九九式小銃を作ることを目的に設立した工業組合をルーツとする企業です。[28] 調布町・神代村・狛江村にまたがる広大な工場の地鎮祭は一九三九年に行われ、一〇〇〇人収容の男子寄宿舎と五〇〇人収容の女子寄宿舎も建設され、最盛期には徴用・学徒・勤労動員も加わり、四〇〇〇人を超える人々が労働したと言われています。[29]

また一九三八年には内務省が調布町・三鷹村・多磨村にまたがる約一六五ヘクタールの土地を民間・軍事用の飛行場用地に選定し、強制的に用地買収を行い、一九四一年に東京調布飛行場を完成させました。[30]

## 戦後の調布市域の発展と住宅地開発

戦後になると調布は東京のベッドタウンとして、急速な発展をとげてゆくこととなりました。甲州街道は調布のみならず後背地の府中、八王子方面の宅地化の進行に加え、山梨県方面における観光と産業の発展が進んだ結果、通行量が急増してゆきました。そのため、街道のバイパス整備が行われ、一九五四年に調布市北浦－上石原間でバイパスが完成するなど道路の整備が進められていったのです。こうした動きに京王帝都電鉄も応じる動きを見せました。一九五五年一〇月、社内に田園都市部を発足させ、五五～五七年の間に約四二万平方メートルの土地を分譲しました。[31]

なかでも当時最大規模の分譲を行ったのが、甲州街道北側の旧金子駅付近に建設された、つつじヶ丘団地です。同団地は当時沿線第一の高級住宅地として造成されたもので、約四万平方メートルの広さの規模で一戸建て住宅を中心とする開発・分譲が行われました。また同団地の分譲と歩を合わせて旧金子駅を二面四線のホームに改造するため、東方に移転したうえ、駅名を団地に合わせて「つつじヶ丘」と改称しました[32]。同団地の分譲成功をきっかけとして、京王帝都は後の桜ヶ丘分譲地、めじろ台住宅地、平山住宅地などの大規模住宅地造成を活発化させてゆくことになります。

一九六七年には調布–八王子間に中央高速自動車道路が完成し、交通の便がますます向上してゆきました[33]。また市内には神代・多摩川・国領などに住宅公団団地や都営住宅の建設が進められていったほか、数多くの住宅がつくられ、東京のベッドタウンとしての性格を明瞭にしていきました。これに伴い調布市域における乗客数は急増し、京王線は、調布沿線各駅から、急増した人々を輸送する動脈としての重要性がますます増大することとなったのです[34]。

また飛田給駅北側一帯に広がる東京調布飛行場跡地は、戦後米軍に接収されていましたが、一九七四年に全面返還され、跡地利用が国と東京都、調布市との間で協議されました。飛行場部分については本土と島嶼を結ぶ都営コミューター空港、災害時の緊急医療等に用途を限定した空港として利用されることとなり、その他の地区には東京外国語大学（二〇〇〇年）、警察大学校

（二〇〇一年）など教育・研究機関の移転が進められているほか、総合スポーツ施設として東京スタジアム（現味の素スタジアム）が二〇〇一年に開業し、主にサッカースタジアムとして楽しまれています。[35]

## 調布駅の移設と地下化

路線の変更や新設に伴い、市域の中心駅である調布駅は数度の移転を行いました。開業当初の調布駅は「小島の老舗糀屋商店の屋敷南裏にあり、北側に二階建の料理店新川亭があり、こ、から府中行きの馬車が出ていた」と言われています。[36] しかしその後、多摩川支線の建設や、線路の切り替えにより小規模な移転を繰り返し、終戦時には小島町一丁目の南側、現在の「調布銀座ゆうゆうロード」の入り口付近にありました。しかし戦後の大量輸送、車両の大型化にともない、ホームの延長、多摩川線の急カーブ解消などを目的として、一九五三年に現在の位置に移転されました。[37] 駅位置の移転は付近の商店街の人の流れにも影響を与え、特に一九五一年に誕生したばかりであった商店街「調布銀座」は、駅の移転にともない、移転後の調布駅から商店街までの舗装道路を作り、さらに街灯を整備するなどして、人の流れを絶やさないよう努力を重ねてきたといいます。[38]

開業時から数度の路線変更と、それに伴う駅位置の変更が行われた調布駅でしたが、二〇一二年には調布駅、布田駅、国領駅の三駅が地下化されました。本線と相模原線の平面交差を解消することによる輸送力の増強、線路による市街分断の解消と踏切渋滞の緩和が主な目的であると言われています。地下化により京王線の姿は上記三駅付近では地上から見る事ができなくなりました。駅前商店街では地下化前の二〇一一年三月商店街の入り口ゲートに、「ありがとう京王線」の横断幕を掲げ、調布駅の駅舎の姿を懐かしむ光景がみられたのです。[39] 姿は見えなくなったとはいえ、調布と調布駅が今日も京王本線と相模原線のターミナル駅として重要な地域であることに違いはないのです。

【註】

(1) 調布市役所『調布市百年史』(一九六八年)二六〇頁。
(2) 前掲『調布市百年史』二六〇〜二六一頁。
(3) 調布市市史編集委員会編『調布市史 下巻』(調布市、一九九七年)四四五頁。
(4) 調布の戦前編集委員会編『調布の戦前』(調布史談会、二〇〇八年)四七頁。
(5) 竹内武雄『郷土の七十年』(啓明出版株式会社、一九七九年)四〇頁。
(6) 前掲『調布市史 下巻』四四七頁。
(7) 前掲『郷土の七十年』四〇頁。
(8) 前掲『調布の戦前』四七頁。

(9)前掲『郷土の七十年』四二頁。
(10)前掲『調布市史下巻』四四八〜四四九頁。
(11)前掲『郷土の七十年』四一頁。
(12)野村乙二郎「調布・神代戦前戦後オムニバス―調布市域の今昔」(調布史談会『調布史談会誌 第二五号』一九九六年所収)
(13)金井安子「理想の郊外住宅地から帝都防空の基地へ」(武蔵野文化協会『武蔵野三五五号』二〇一六年所収)。
(14)前掲『調布市史下巻』四四五〜四四六頁。
(15)征矢実『調布と深大寺』(二〇一一年)二七頁。
(16)菊池茂生「調布みたまま その3 大正中期―昭和初期」(調布史談会『調布史談会誌 第六号』一九七三年所収)。
(17)前掲『調布市百年史』二七三〜二七四頁。
(18)前掲「調布みたまま その3 大正中期―昭和初期」。
(19)前掲『調布市百年史』二七三〜二七四頁。
(20)京王電鉄株式会社広報部編『京王電鉄五十年史』(京王電鉄、一九九八年)六〇〜六一頁。
(21)前掲「調布・神代戦前戦後オムニバス―調布市域の今昔」。
(22)本多嘉一郎「調布映画村ことはじめ」(調布史談会『調布史談会誌 第十三号』一九八二年所収)
(23)前掲「調布・神代戦前戦後オムニバス―調布市域の今昔」
(24)前掲『調布市史下巻』五七二頁。
(25)前掲「調布見たまま その2 大正期」。
(26)前掲『調布市史下巻』五七三〜五七四頁。

(27)前掲『調布の戦前』四七頁。
(28)前掲「調布・神代戦前戦後オムニバス―調布市域の今昔」。
(29)小野崎満・山岡博監修『ふるさと調布』(株式会社郷土出版、二〇一五年)一四二頁。
(30)調布市市史編集委員会編『図説調布の歴史』(調布市、二〇〇〇年)二〇五頁。
(31)京王帝都電鉄総務部編『京王帝都電鉄30年史』(一九七八年)八一～八二頁。
(32)前掲『ふるさと調布』一四八頁。
(33)前掲『調布市百年史』二六一頁。
(34)前掲『調布市百年史』二七二～二七三頁。
(35)前掲『図説調布の歴史』二四四頁。
(36)前掲『郷土の七十年』四二頁。
(37)前掲『ふるさと調布』一五三頁。
(38)前掲『ふるさと調布一三七頁。
(39)前掲『ふるさと調布』一三七頁。

# 第七章　南下する玉南電鉄
## ――府中市と京王線

多摩川を渡橋する玉南電鉄車両（絵葉書提供：日野市郷土資料館）

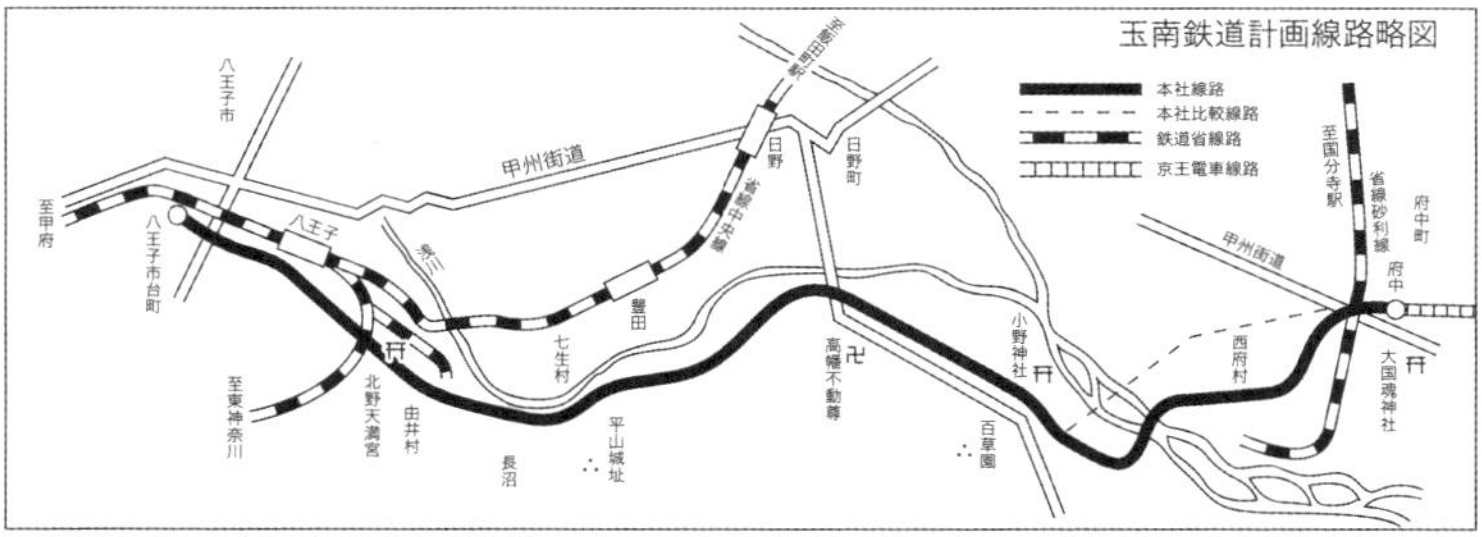


『京王帝都電鉄 30 年史』より

東京都府中市には、武蔵野台、多磨霊園、東府中、府中競馬場正門前、府中、分倍河原、中河原と7つの駅が置かれています。東京都のほぼ中央に位置する府中市は、その名が示すように、かつて武蔵国府が置かれた、多摩地域屈指の都市です。調布市同様、甲州街道沿いにありながらも、甲武鉄道（現JR中央線）が市域を回避されて敷設された結果、京王線誘致には最も熱心であった自治体のひとつであると言えます。また京王線は府中駅から大きくカーブを描いて南下し、多摩川を渡り、聖蹟桜ヶ丘方向に向かってゆくルートを辿ります。この甲州街道から逸れるルートが、どのような事情で選択されたのか。そこには当時の京王電軌の経営事情と、地元有力者の意向が背景に存在しました。それがどのようなものであったのかをみてゆくことにしましょう。

## 甲武鉄道と府中

前章の調布と同様、甲州街道の主要な宿であった府中にとって、一八八九年（明治二二）に新宿－八王子間で開通した甲武鉄道（現JR中央線）が府中市域を回避し、北方の国分寺市域を通過することになったのは、経済上大きな損失となりました。既に述べましたように、甲武鉄道の路線が調布・府中を回避した理由が、現地の反対運動にあったか否かについては不明な点がありますが、いずれにせよ、甲武鉄道沿線の発展を眺めた同地域がその後、鉄道の誘致を渇望するようになったという事実に違いはありません。その後一九一〇年（明治四三）六月に国分寺－下河原間で東京砂利鉄道（後の国鉄下河原線、現ＪＲ武蔵野線と一部重複）が開通しました。また並行して一九〇七年（明治四〇）に、京王電気軌道の前身である武蔵電気鉄道（株）が新宿－八王子間で鉄道敷設免許を獲得しますが、一九〇八年に西武多摩川線の前身である多摩鉄道会社が境（現武蔵境）－是政間の仮免許を取得し、両社の競合状態のなかで府中東部の鉄道建設ブームが発生することとなりました。[1] 現在でも西武多摩川線と京王線は府中市白糸台で交差していますが、乗換駅は設置されていません。

## 京王電気軌道開業と府中までの延伸

一九一三年（大正二）四月に笹塚－調布間の軌道が開通した京王電軌は、営業開始と同時期に新宿－笹塚間と調布・府中・国分寺間の乗合自動車の営業を同時に開始しつつ、同区間の線路延伸を並行して進めることになりました。府中方面の延伸は、調布の飛田給までが一九一六年（大正五）年九月に開通しましたが、その後の用地買収がさらに難航しました。府中市東部では前述しましたように、当時京王電軌に加え多摩鉄道（現西武多摩川線）の敷設計画が存在し、買収交渉を複雑化していたと言います。[2] ここで延伸の主導権をにぎったのが、一九一五年六月に社長に就任したばかりの井上篤太郎でした。井上は府中東部の有力者のなかでも、交通を重視して乗合自動車を計画していた、進取の気性を持つ若手の有力者を味方に付けようと考えました。彼らの協力を得た上で、沿道の地主達一同を、京成電車の沿線地域の視察に招待して鉄道沿線の発展を印象付け、その帰途に江戸川河畔の料亭で「地主懇談会を催し、難なく同意を得たので、一瀉千里土地買収の功を奏した」と言われています。[3] 路線用地買収費については、「敷地代金を概ね京王株式払込にさせられ、株主となったから、勢ひ会社の隆盛を希望することに」なったといいます。[4] これは用地買収費を自己資本化することで買収費用を節約し、また沿線地主を株主化することで会社の発展に協力させるという「一石二鳥」であったものと言えるでしょう。

ただこの区間でも当初の路線計画からの修正はありました。一九〇七年（明治四〇）の免許時点では、府中市域の多くの部分では、路線が旧甲州街道上を走る計画となっていましたが、その後一九一一年時点では現在のように、ほとんどの部分で甲州街道と接することなく、道路以外に路線を敷設する新設軌道に変更がなされています。変更の理由は、街道沿いに線路を敷設することにより街道両脇の並木伐採の必要が生じ、これが地域の景観を損ねる上に、武蔵野台地の防風設備に損害を与えるためであると説明されています。街道沿いの並木は単なる景観ではなく、防風林の役割も果たしていたのです。[5]

こうして一九一六年（大正五）一〇月に新宿－府中間が開通しましたが、複線化工事はさらにしばらく時間を要し、その完成は一九二三年（大正一二）五月のことであったといいます。この間府中市域内で開業した駅は、車返（現武蔵野台）が一九一六年一〇月、多磨（現多磨霊園）

一九一六年一〇月、八幡前（一九四〇年廃止）一九一六年一〇月、府中一九一六年一〇月、の五駅です。

## 玉南電気鉄道設立と二つの府中駅

一九一六年に府中までの開通にこぎ付けた京王電軌でしたが、その後は会社の経営状態の悪化に加え、多額の工費を要する多摩川架橋建設の目途が立たなかったこともあり、着工できぬまま、府中－八王子間の敷設特許の期限切れを迎えてしまいました。これに対して井上篤太郎は、府中以西の路線建設のために別会社を設立し、これに沿線地元資本を導入して建設資金を確保する方式を考案しました。この別会社は「玉南電気鉄道」（以下玉南電鉄）と名づけられ、敷設免許は一九二一年（大正一〇）一〇月に敷設免許が下り、一九二五（大正一四）三月二四日に開業に至りました。同社の社長は井上が兼務し、府中市域の有力者として島田竹三郎が取締役に、高野寛一、大津富蔵、関田嘉左衛門らが監査役に名を連ねました。[6]

## 地方鉄道法補助金申請の失敗と会社合併

府中駅以西の路線敷設が玉南電鉄という別会社で推進された理由はいくつかありますが、①京王電軌本体が、本線（新宿－府中間）の複線化工事推進に専念するため、②新会社に沿線株主の資本を投入するため、③地方鉄道法による補助金を受けるため、といったところが主要なものとなります。③の地方鉄道法に準拠するため、玉南電鉄はレールの幅（軌間）を、京王電軌の一三七二ミリメートルと異なる、一〇六七ミリメートルの狭軌として開業しましたが、これによって府中駅における相互乗り入れが出来ず、新宿方面から八王子方面に向かうためには府中駅で乗り換えなければならないという不便を招いてしまったといいます。[7] つまり玉南電鉄開業時には府中駅が二つあったことになります。余談ですが、この玉南電鉄府中駅が府中市街のメインストリートである大國魂神社参道の東側にあったのか、西側にあったのかについて、かつてははっきりわかっていませんでした（京王電気軌道の府中駅は東側）が、近年府中郷土の森博物館の調査により、玉南電鉄府中駅も参道東側にあり、玉南線が建設当初から参道を横断していたことが明らかになりました。[8]

玉南電鉄の痕跡は、現在の京王線の路線の形に見ることができます。府中駅を西に出発した京王線は、それまで併走していた旧甲州街道（都道二二九号線）と分倍河原駅前でほぼ垂直に交差し、多摩川方面に南下してゆきます。これは当初の京王電軌の路線計画とは明らかに異なる路線ですし、それまで基本的に甲州街道と併行する形で敷設されてきた路線とコンセプトを異にしていることは一目瞭然です。この路線の形にも玉南電鉄と地方鉄道法の関係が影響を与えていると言います。地方鉄道の補助金を獲得するための条件として、省線、つまり現在のＪＲ中央線と競合しないことをアピールする必要性があったのです。当初の京王電軌の路線計画は中央線と距離が近く、競合と見なされる可能性が高かったと言えます。玉南電鉄は補助金獲得のため、極力中央線と競合しないよう、府中から急カーブを切って南下し、中央線から離れるルートを選択したのだと言えるでしょう。しかしこのような努力も結局は水泡に帰すこととなります。一九二五年(大正一四)二月一〇日に同社から提出された補助金申請に対して鉄道省は、「省線ト近距離ニテ併行シ、省線ノ栄養トナラサルノミナラス、寧ロ幾分ノ打撃ヲ与フルモノトシ」との文面で、補助金交付申請を却下してしまいました[9]。

地方鉄道法補助金の獲得に失敗した以上、京王電軌と玉南電鉄を別会社にしておく意義は失われ、大正一五年一二月、両社は合併することになりました。その際、軌間は京王電軌の一三七二ミリメートルに統一するため玉南線のレール幅を改軌する工事が実施され、列車にも改修が施されることとなりました[10]。

## 玉南電鉄と朝鮮人労働者

玉南電鉄の建設作業には、朝鮮人労働者が数多く雇用されていたという記録が残されています。日韓併合により植民地となった朝鮮からは、数多くの労働者が本土に渡航して就労しましたが、関東大震災後の復興期にその数が急増したことと、それまで中部地方以西での就労が多かった朝鮮人労働者が東京でも多数就労するようになったことが知られています。職種としては多摩川原での砂利採取労働をはじめ、鉄道敷設をはじめとする土木工事部門で就労していることが多く、特に玉南電鉄の工事では多数の朝鮮人労働者が雇用されたことが知られています。(11)

## 武蔵野台駅と多磨霊園駅

府中市域で最も東に位置する駅は武蔵野台駅です。同駅は一九一六年（大正五）一〇月、車返駅として開業しています。「車返」という駅名は、府中市域の旧村である車返村に由来します。源頼朝による奥州征伐の際、藤原秀衡の持仏である薬師如来像を鎌倉に輸送中、同地で野営した際、夢告により、像を同地に祀ることとし、車だけを返したという故事に由来するものという説がありますが、諸説ありはっきりしたことはわかりません。戦後一九五九年に現在の武蔵野台駅に改称されました。駅と路線がちょうど府中崖線の縁に乗っている地形となっていることから名づけられたものと考えられます。車返という名称は日本住宅公団（現ＵＲ）の車返団地などの名称に残されています。

府中市内にある多磨霊園駅は、一九一六年（大正五）一一月の開業時には当時の村名である多磨村（一九五四年に府中町、西府村と合併し、府中市）に由来する「多磨」という駅名でした。今日の名称は一九二三年（大正一二）四月に開設された多磨墓地（東京都市計画多磨共葬墓地）

に由来しています。同墓地は大正期に東京の人口が急増し、都心部で飽和状態に達した寺院・墓地問題に対処するため、郊外に従来の墓地とは全く異なる公園墓地を造成するという構想のもとで計画されたものです。当初約九九万平方メートルの用地買収を強いられる多磨村・小金井村の地主に、東京市が犠牲を強いる形で開設したものでした。京王電軌は墓地の最寄駅となった多磨駅を一九三二（昭和七）年に「市公園墓地前」と改称し、また一九三五年（昭和一〇）、墓地の多磨霊園への改称に合わせて一九三七年に駅名も現在の「多磨霊園」に改めました[12]。

## 東京競馬場と東府中駅

それまで目黒にあった東京競馬場が府中に移転して、競馬を開催するようになったのは、一九三三年（昭和八）一一月のことです。一九二三年四月に競馬法が公布され、馬券販売が実施されるようになり、競馬の観客が増加していった結果、目黒の一周一マイルの競馬場は飽和状態となり、運営組織である東京競馬倶楽部は一九二七年以降移転先の選定を開始しました。移転候補先は羽田、小金井など一〇カ所以上あったなかで、水の豊富さや良好な景観から、府中の地が候補に決定したと言います。府中町でも桑田英之助、小川純一の歴代町長と、多磨村長糟谷義治らが中心となり、招致活動が進められました。しかし建設に伴う桑園・水田を中心とする約八〇ヘクタールに及ぶ広大な用地買収では、農地を失う農民も多数存在したことから、府中多磨農民組合長矢部甚五が農民の利害を代表して厳しい交渉を繰り返し、用地買収費（高地一坪一四円三〇銭、低地四円五〇銭）に加え、耕作権補償費（桑園一反歩三〇〇円、水田五〇〇円）という条件で妥結されました。農地の所有者だけではなく、耕作者（小作農）の利害も含めた交渉が行われた点は、この種の交渉として特筆されるべきことだと思われます。[13]

一九三三年の東京競馬場開設は、京王電軌にとって格好の旅客誘致施設の誕生を意味しました。当時競馬場への最寄駅は現在の東府中駅から約五〇〇メートル府中駅寄りに位置していた八幡前駅でしたが、同駅は当時の甲州街道北側に位置し、競馬場までは少し距離がありました。そのため、京王は甲州街道と京王線の交差点付近に、一九三五年一一月臨時競馬場前駅を設置し、そこから競馬場までの連絡自動車を走らせました。その後一九四〇年に両駅は統合され、八幡前駅が消滅し、臨時競馬場前駅が東府中駅と名称を変え、今日に至っています。[14] 八幡前の「八幡」とは、甲州街道の八幡宿と武蔵国府八幡宮のことを意味すると思われます。八幡宮は戦前の沿線案内には大國魂神社と並んで観光名所として記されていますが、戦後は競馬場の陰に隠れてしまう形となってしまったようです。戦後一九五五年四月には、東府中駅から府中競馬正門前駅までの分岐線が完成し、競馬を楽しむ乗客のアクセス向上が図られています。[15]

大國魂神社中門（絵葉書）

## 分倍河原駅・中河原駅と南武鉄道

現在ＪＲ南武線との乗換駅となっている分倍河原駅は一九二五年（大正一四）三月に「屋敷分駅」という名称で設置されました。これは当時の付近の地名から取られたもので、平安〜鎌倉期に在庁官人の屋敷があったことに由来すると伝えられています。[16]当初の駅は甲州街道の北側に設置されていました。ＪＲ南武線の母体は一九二七年（昭和二）七月に川崎—登戸間で開業した南武鉄道にあります。同鉄道は元々の名称を多摩川砂利鉄道（株）といい、名前の通り、多摩川の砂利輸送を目的とする会社でした。当初の免許は川崎—大丸（現南多摩）間でしたが、その後青梅方面の石灰石輸送の需要が加わることで、立川まで延伸することとなります。同鉄道が屋敷分まで延伸したのが、一九二八年一二月のことであり、これに合わせる形で京王電軌は、一九二九年（昭和四）年三月に南武鉄道との連絡のため、駅位置を南方向に約一〇〇メートル移動し、同年五月に駅名を鎌倉時代末期に新田氏と北条氏の間で戦われた古戦場に因む、「分倍河原」に改称しました。

京王線多摩川橋梁の手前に位置する中河原駅も、屋敷分駅と同時期の一九二五年に設置された駅です。本線が多摩川を渡る直前のこの駅は、一九三三年以降、調布付近での砂利採掘に制限が加えられたのち、鉱区が調布からより上流の西府村（現府中市）付近に移動することにより、一時京王の砂利採掘の中核的な位置を占めたといいます。[17] その後、是政から中河原間の砂利採掘跡地では、西武鉄道系資本が中心となり、付近の埋め立てを積極的に行い、住宅地としての分譲が進められました。[18]

## 府中駅の高架化と駅ビルのオープン

戦後京王沿線の人口増加は京王線の輸送力増強を要請することとなりましたが、特急停車駅でもあった府中駅は、用地不足の問題から長年追い越し列車を待つ普通列車の退避ホームの延伸が難しい状況にありました。また府中街道の交通渋滞解消という目的もあり、府中駅の高架化とホーム延伸を中心とする府中駅付近連続立体交差事業が計画されました。仮線への切り替え等を経て、一九八九年（平成元）一〇月に下り線が、九一年四月には上り線が高架化され、九三年に四線ホームからなる、高架の新駅舎が完成することとなりました。[19]

立体交差事業の完了と新駅舎完成を機に、一九九四年（平成六）一〇月、駅周辺に大規模商業施設がない立地条件を背景に、駅ビルの建設が開始されます。九六年三月にオープンした京王府中ショッピングセンターは、地上八階・地下一階建て、延床面積八四八七平方メートルの駅ビルと延べ床面積二四二〇平方メートルの東モールからなり、京王ストア、京王アートマンといった系列の店舗に加え、外食等のテナントを募集することで、地域商業活動の拠点となっています。[20]

【註】

(1)府中市教育委員会生涯学習部生涯学習課文化財担当編『新版 武蔵国府のまち 府中市の歴史』（府中市教育委員会、二〇〇六年）四〇〇～四〇三頁。
(2)府中市史編さん委員会編『府中市史 中巻』（東京都府中市、一九七四年）五七〇頁。
(3)井上篤太郎翁伝記刊行会『井上篤太郎翁』（一九五三年）一三七～一三八頁。
(4)前掲『井上篤太郎翁』一三八頁。
(5)府中市郷土の森博物館編『京王電車の開通と府中駅』（府中市郷土の森博物館ブックレット18、二〇一六年）一八～一九頁。
(6)前掲『府中市史 中巻』五七二頁。
(7)前掲『府中市史 中巻』五七二頁。

(8)前掲『府中市史 中巻』五七二頁。
(9)前掲『京王電車の開通と府中駅』三一頁。原史料は国立公文書館蔵「鉄道省文書 十 地方鉄道及び軌道」(大正一五年)。
(10)前掲『府中市史 中巻』五七二頁。
(11)松本俊郎「震災復興期の東京府下朝鮮人労働者に関する人口・職業分析」(『岡山大学経済学会雑誌16(4)』一九八五年)。
(12)前掲『新版 武蔵国府のまち 府中市の歴史』四〇五~四〇六頁。
(13)前掲『新版 武蔵国府のまち 府中市の歴史』四〇六~四〇八頁。
(14)前掲『府中市史 中巻』六二八~六二九頁。
(15)前掲『府中市史 中巻』六三二頁。
(16)株式会社京王エージェンシー『京王線・井の頭線むかし物語総集編』(京王電鉄株式会社広報部、二〇〇三年)二四~二五頁。
(17)京王帝都電鉄株式会社総務部編『京王帝都電鉄30年史』(一九七八年)三四頁。
(18)前掲『京王五十三次』八〇頁。
(19)京王電鉄株式会社広報部編『京王電鉄五十年史』一三九~一四〇頁。
(20)前掲『京王電鉄五十年史』一六七~一六八頁。

# 第八章　聖蹟とニュータウン
## ——京王線と多摩市

多摩ニュータウン

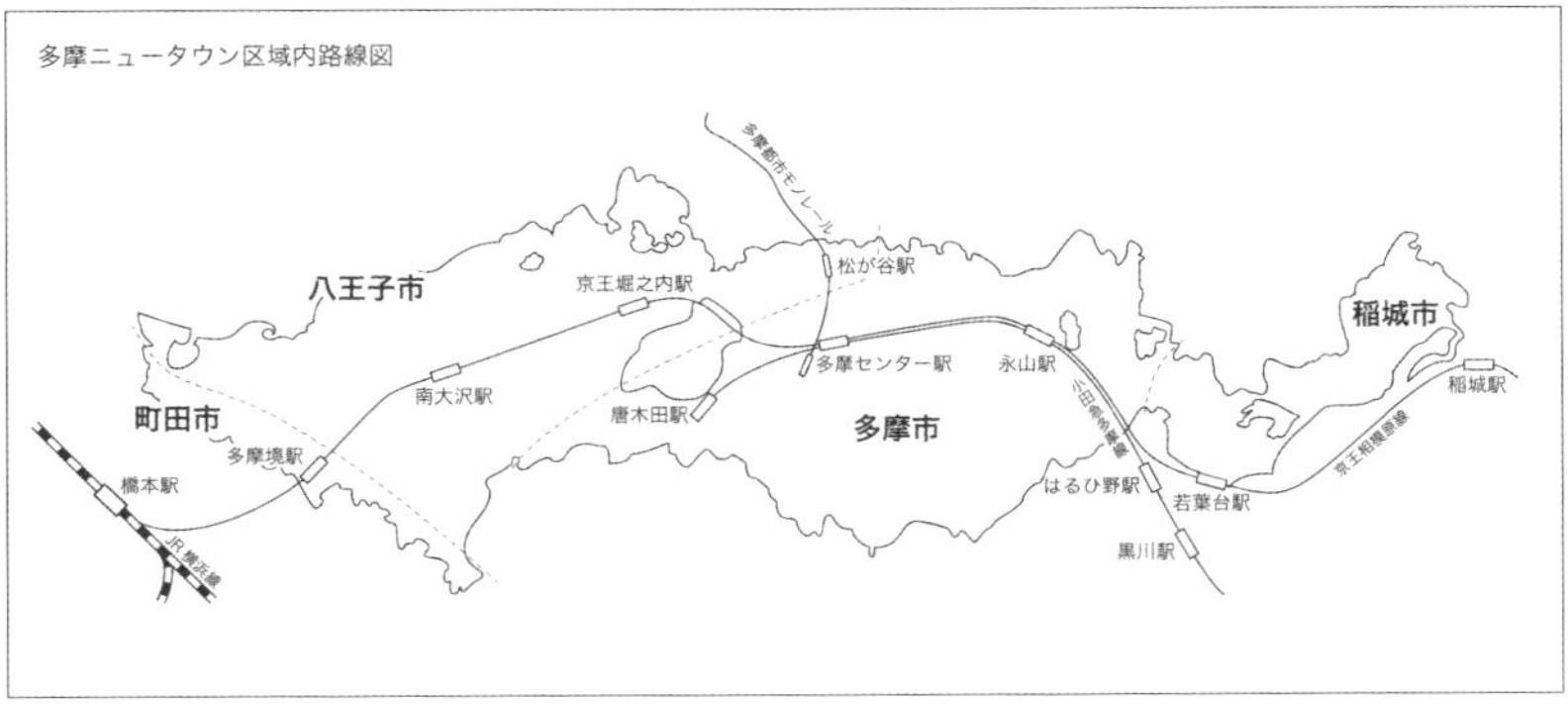

多摩ニュータウン区域内路線図

東京都多摩市は東京都中央南部、多摩川南岸に位置する市です。映画『シンゴジラ』（二〇一六年、東宝）において象徴的に示されたように、多摩川は東京都と神奈川県を画する川という印象が強いのですが、それは下流の調布市から大田区までの話で、稲城市より上流では多摩川両岸が東京都に含まれています。同市は市域の多くが「多摩ニュータウン」に含まれており、京王相模原線が通過しています。また京王本線も多摩市を通っています。本線の駅、聖蹟桜ヶ丘駅がこれにあたります。同駅はスタジオジブリのアニメ作品『耳をすませば』（一九九五年、東宝）の舞台としても有名です。両線の開業と沿線開発には時差がありますが、それが地域に与えた影響についても見てゆくこととしましょう。

## 玉南電鉄の路線選択と関戸駅

現在の多摩市域は一八八九年の市町村制で成立した多摩村（府中市の多磨村と字が異なることに注意）の村域から成り立っていますが、同村において最初に設置された鉄道の駅は、関戸駅（現聖蹟桜ヶ丘駅）です。関戸という名称は多摩村を構成する旧村名のひとつであり、鎌倉街道の要衝として同村の中心部であったところです。しかし実は京王線は当初、この関戸を、というよりも多摩村そのものを通過する予定はありませんでした。府中の章（第七章）でも述べましたように、京王電軌の当初の路線計画では、府中から谷保村（現国立市）付近までは甲州街道沿いに延伸し、そこから対岸の日野市域に向け多摩川を超える予定が示されていました。しかし地方鉄道法による補助金を期待した玉南電鉄は、府中から急カーブを描いて省線（現ＪＲ中央線）から距離を取り、最短に近いルートで多摩川を渡るルートを選択することになりました。同電鉄の設立委員四八人中、多摩村の住民が六名いたことから、同村の有力者達が鉄道誘致に向けて積極的に活動した影響もあったものと思われます。[1]

一九二五年（大正一四）年に設置された関戸駅は、一面田んぼのなかに建った木造の小さな駅舎であり、現在の聖蹟桜ヶ丘駅よりも南側に位置していました。開業時の線路は単線であり、運転本数は一時間に一、二本であったといいます。[2] 駅開業後には南側に、煙草屋、洋服店、菓子屋など、徐々に商店が集積してゆきました。[3]

## 聖蹟記念館建設と観光開発

関戸駅の開業は一九二五年のことですが、同駅は一九三七年に現在の聖蹟桜ヶ丘駅に名称変更されます。新駅名に冠せられた「聖蹟」とは、駅東方の連光寺地区に一九三〇年、多摩聖蹟記念館が設立されたことに由来しています。同記念館は明治天皇が付近の多摩丘陵をたびたび狩猟で訪れたことを記念して、元宮内大臣の田中光顕に加え、府中在住で大松山の所有者である宮川半助、そして旧多摩村長であり、付近一帯の名望家でもあった富沢政賢らの主導により建設されたものです。同地には明治天皇の歌碑が建てられた他、三条実美の別邸であった対鷗荘を移築するなどした結果、毎年三万人から四万人の入場者を集める観光名所となりました。[4]

京王電軌もこの沿線史跡の開発に注目し、館の設立母体である聖蹟奉頌連光会創立時に多額の寄付を行い、井上篤太郎他、多数の重役が役員に名を連ねましたが、後に田中光顕と京王との間に方針の不一致が生じた結果、京王は館の運営からは撤退することになります。しかし京王はその後も同地付近を沿線のハイキング・遠足のモデルコースとして宣伝し、乗客の誘致活動を続けることとなりました。[5]

## 桜ヶ丘の開発

聖蹟桜ヶ丘駅付近の本格的な開発の端緒になったのは、京王による桜ヶ丘団地の開発です。調布の章でも述べましたように、戦後の京王帝都電鉄は一九五五年（昭和三〇）、社内に田園都市部を設置し、沿線開発を本格化させます。これは戦時中に京王が東京急行電鉄に買収され、戦後京王帝都初代社長に東急出身の三宮四郎が就任するなどした影響で、東急の沿線開発の手法が、京王にも継承されたものと言えるのかもしれません。その京王田園都市部が調布のつつじヶ丘団地に続いて本格的な大規模開発を行ったのが桜ヶ丘団地です。京王帝都の二代目社長となった井上定雄社長自らが「京王線の多摩川から先は全くの未開発だが、会社の将来を考えると、この方

聖蹟記念館

面を積極的に開発しなければいかん」と、社員に指示を出したと言われています。[6]

京王による土地買収は一九五六年（昭和三一）から始まり、翌年までに駅の南方、大栗川を挟んで対岸の丘陵地約二三万坪の土地を購入が買収されました。同地区の開発には地元多摩村も積極的で、一九五七年に多摩村開発実行委員会を設置し、「文化的一大住宅団地の誘致建設」に協力する姿勢を見せました。[7] 団地までの取付道路や上下水道建設費は京王から村への寄附金で賄われ、村側は多摩村隔離病舎の敷地等の村有地を京王に払下げるなど、京王と多摩村有力者・住民の協力のもとで桜ヶ丘団地の開発が進められたのです。[8] また京王は同団地に系列のガス会社によるガス供給を行い、分譲地内には店舗（桜ヶ丘ストア）を開店するなど、インフラ・商業施設整備を自ら推進する積極性も見せました。[9] 第一期分譲は一九六二年四月に開始され、以後第七期まで四年間にわたり一一九九区画の分譲が行われました。[10]

## 多摩ニュータウン計画の浮上と大規模開発（『平成狸合戦ポンポコ』の世界）

桜ヶ丘団地に代表される多摩市域での住宅開発は、同団地の事例のように大規模かつ整然と行われる事例もありましたが、その後、多摩市域の人口が増加するにつれ、中小規模の開発が無秩序に行われる、いわゆるスプロール化が進む兆候が見られるようになりました。多摩村の名望家層の一部からは、桜ヶ丘団地の成功をみて、より大規模で計画的な開発を望む声が高まってゆきました。これは農業経営への意欲が低下したというよりも、付近に市街地が形成されることによって、地元農業に多角化のチャンスが訪れると考えていたことによります。[11] またそれまでの京王線の開発は、関戸など多摩村の旧来の中心地域である北部に偏っていたため、開発が相対的に遅れている唐木田など、市域南部の住民による開発への渇望もあったと言われています。[12]

こうした地元の意識と軌を一にするタイミングで構想されたのが、建設省、東京都、日本住宅公団による多摩ニュータウン計画でした。一九六〇年に東京都首都整備局による大規模宅地造成の適地候補に多摩村の乞田、落合、貝取、唐木田地区が選定され、[13] また一九六三年には建設省が発案し、大規模住宅開発区域内における土地収用の手続きを定めた、新住宅市街地開発法（以下、新住法）が制定され[14]、以後東京都と建設省主導で多摩ニュータウン計画の下準備が進められてゆきました。一方多摩村議会でも、一九六三年九月に南多摩郡東部都市計画協議会を発足させ、一〇月一一日建設省告示で稲城、由木両町と多摩村の二町一村全域が、東京都多摩都市計画区域に指定されました[15]。こうした前提のうえで、建設省、東京都、日本住宅公団により一九六五年、南多摩丘陵の三〇〇〇ヘクタールを全面買収することを前提とする『多摩ニュータウン開発計画』が発表されます。しかし、この計画は地元の意向、すなわち地元農業と開発を両立させるという方向性に反し、地域の農業継続を前提とせず、計画地域内の農業の廃業と、場合によっては集団移転を前提とし、拒絶する住民に対しては新住法による強制収用が可能となっている計画でした[16]。

衝撃を受けた多摩村では、様々な請願や反対運動が展開します。地元の激しい反発に、政府・都側も計画の修正を余儀なくされ、一九六五年の「マスタープラン七次案」において、既存集落部分約二一〇ヘクタールを開発から除外し、この区域には土地区画整理事業を実施するという修正案を採用し[17]、また住居の移転が強いられる住民に対して一〇〇〇平方メートルを限度とする新分譲地を提供することとしました[18]。ただ、一部集落が除外されたとはいえ、そこに居住する農家の農業の継続までが保証されたわけではなく、その後は、集落外の農地買収に対する補償に焦点が当たることになります。行政側は基本的に地元農家に商業への転業を勧め、ニュータウン内での商店開業に便宜を図りました[19]。土地を手放すことになった農家は一九六八年一杯での耕作停止の通告を受け、新住法の定める生活再建講習を受講したうえで、八百屋、肉屋、書店などニュータウン内での商店出店を慌ただしく準備することとなったのです[20]。

それでも全ての住民が「円満」解決に結びついたわけではなく、なかには新住法と土地収用法の強制収容の対象になった住民もいましたし[21]、落合楢原地区のように集落の全てが移転を強いられ、バラバラになったケースも存在しました。日本住宅公団による多摩ニュータウン起工式は一九六九年六月二日に実施され、それから一九七一年三月の第一次入居まで、宅地造成工事と住宅建設が急ピッチで進められてゆきました[22]。スタジオ・ジブリのアニメーション『平成狸合戦ポンポコ』（一九九四年、東宝）は、この時期の多摩村（一九六四年に町制に移行）の開発風景を描いた作品であると言われています。数年にしてのどかな田園風景が、近代的市街地に造成されていった様は、まさに住民からすれば、「狸か狐に騙された」かのような激変ぶりであったに違いありません。

## 京王相模原線の開通

多摩ニュータウン計画では、居住地の整備だけではなく、都心までの通勤ルートの整備も同時に計画されていました。そのために、一九六四年京王帝都電鉄、小田急電鉄、西武鉄道（後日免許申請取り下げ）の三社がニュータウン区域への路線免許を申請します。京王の申請は京王多摩川駅から稲城町、多摩町、八王子市などのニュータウン区域を東西に横断し、現ＪＲ橋本駅を経由して、神奈川県津久井町に達する路線でした。ニュータウンへの路線敷設の条件としては、都心への直通運転、道路との立体交差などが示されました[23]。京王では、一九六六年に京王よみうりランド駅までの延伸を着工し、一九七一年四月に京王相模原線の一部区間として開通させました[24]。この年号には読者の方々に驚いて頂く必要があります。多摩ニュータウンの第一次入居は前述しましたように同七一年の三月です。したがってニュータウン開業時に京王線は、現在の京王多摩センターどころか、京王よみうりランドにさえ到達していなかったことになります。ニュータウンに引っ越した住民の困惑は大変なものだったようで、当時永山地域は「陸の孤島」と呼ばれました。京王ではこれに備えて聖蹟桜ヶ丘駅前に一九六九年、バスターミナルを整備し、ニュータウンの入居に合わせて諏訪・永山地区と聖蹟桜ヶ丘駅を結ぶバス路線を開設しました[25]。ニュータウン住民の多くは暫くの間、このバスを経由して聖蹟桜ヶ丘駅から通勤することとなったのです。

とはいえ、なぜ京王相模原線のニュータウンへの延伸が遅れたのでしょうか。それは技術的な問題だけではなく、経営上の問題にもあったようです。京王・小田急共に、①工事による負債の増加、②路線立体化要求による工費増加の負担を問題視していました。さらに③開業後も乗客は通勤客中心となることが予測され、逆方向の乗客が期待薄と考えられました。[26] 特に③の点は重要です。従来私鉄業界はこの問題を解決するために、沿線開発を並行して行うことが一般的だったのですが、多摩ニュータウンは国と都による公共事業であったために、民間の鉄道資本が沿線開発を行う余地が制限されていたのです。

こうした状況に国も鉄道会社に対する補助の必要性を認識します。一九七二年五月、政府関係者による「大都市高速鉄道の整備に対する助成措置に関する覚書」により、①地方公共団体等によるニュータウン線建設工事への助成（一〇パーセント）、②私鉄の行う輸送力増強工事（複々線化、地下鉄乗入等）の一部を日本鉄道公団による代行、③ニュータウン内用地の素地価格による譲渡と施工基面以下の工事費五〇パーセント負担などの助成措置が講じられました。[27] これによって京王・小田急両社の路線建設は軌道に乗り、一九七四年六月に小田急多摩線が永山駅まで、同年一〇月には京王が多摩センター駅まで、それぞれ開業することとなりました。[28]

## 聖蹟桜ヶ丘駅前の再開発

こうして相模原線は開通しましたが、開通後もしばらくの間は、ニュータウン開発の遅れによる乗客の少なさや、昼間時間帯の乗客の少なさ、そして駅周辺の商業施設の未整備などにより、相模原線駅周辺はしばらくの間「ゴーストタウン」のようであったと言います。[29] 前述したように多摩ニュータウン内部における商業施設の建設については、国や都の制約が厳しい状況であったため、京王はもっぱらその労力を聖蹟桜ヶ丘駅周辺の開発に振り向けることとなりました。ニュータウン付近を開発に制限の少ない本線が通っていたことが、ここでは幸いしたと言えると思います。まず京王では一九六八年四月から、聖蹟桜ヶ丘駅の利用者増加に備えた全面改修を行いました。駅を北側に約五〇メートル移転し、カーブ上にあった駅を直線ホームの駅としました。さらに駅とホームは高架化され、周辺踏切の廃止を進めてゆきました。高架の新駅は一九六九年五月に開業されたのです。[30]さらに商業施設として一九七〇年六月、旧駅と新駅の間に「京王桜ヶ丘ショッピングセンター」が開設され、京王ストアと三七の専門店が開店しました。

さらに一九八〇年代に入ると聖蹟桜ヶ丘駅付近の開発は一層加速されてゆきます。京王は一九八四年二月、聖蹟桜ヶ丘駅の総合開発事業に着手し、八六年三月、百貨店や多目的ホールなどを有する「京王聖蹟桜ヶ丘ショッピングセンター」をオープンさせました。一〇〇〇台収容可能な立体駐車場や、ミニシアター、飲食店街なども併設し、多摩地域最大規模の売場面積を誇る商業施設を完成させたのでした。[31]

その後京王は一九八八年に本社を聖蹟桜ヶ丘に移し、積極的な開発に取り組んだ結果、バブル期には国内で最も地価上昇率の高い地域として同地のブランド価値は向上しました。今日ではバブルの喧騒も昔話となり、閑静な住宅街となった聖蹟桜ヶ丘ですが、多摩ニュータウン同様、人口の縮小局面と高齢化社会へ向けて、新たな対応と街作りが求められていると言えるでしょう。

[註]

⑴多摩市史編集委員会『多摩市史 通史編二』（多摩市、二〇〇〇年）三八九頁。

⑵多摩町誌編さん委員会『多摩町誌』（一九七〇年）七四三頁。

⑶パルテノン多摩編『特別展 多摩・商店ことはじめ 商店の歴史と多摩ニュータウン』（二〇一一年）四二頁。

⑷前掲『多摩市史 通史編二』五一一～五二一頁。

⑸前掲『多摩市史 通史編二』五二一～五二三頁。

⑹前掲『多摩市史 通史編二』七六五頁。

⑺前掲『多摩市史 通史編二』七六五頁。

⑻前掲『多摩市史 通史編二』七六七頁。

⑼前掲『多摩市史 通史編二』七六七頁。

⑽京王帝都電鉄株式会社総務部編『京王帝都電鉄30年史』（一九七八年）一〇二頁。

⑾横倉舜三『多摩丘陵のあけぼの（前篇）』（多摩ニュータウンタイムズ社、一九八八年）二八頁。

⑿前掲『多摩丘陵のあけぼの（前篇）』四〇頁。

⒀東京都南多摩新都市開発本部『多摩ニュータウン開発の歩み（第一編）』（一九八七年）一七頁。

⒁前掲『多摩市史 通史編二』八一二頁。

⒂前掲『多摩市史 通史編二』八一五～八一六頁。

⒃前掲『多摩市史 通史編二』八一七～八一八頁。

(17)前掲『多摩市史 通史編二』八四一～八四二頁。
(18)前掲『多摩ニュータウン開発の歩み（第一編）』七八頁。
(19)前掲『多摩市史 通史編二』八四六～八五〇頁。
(20)前掲『特別展 多摩・商店ことはじめ 商店の歴史と多摩ニュータウン』六六～六七頁。
(21)前掲『多摩ニュータウン開発の歩み（第一編）』七八頁。
(22)前掲『多摩市史 通史編二』八五二頁。
(23)前掲『多摩市史 通史編二』八七二～八七三頁。
(24)前掲多摩市史 通史編二』八七三頁。
(25)前掲『多摩市史 通史編二』八七〇頁。
(26)前掲『多摩ニュータウン開発の歩み（第一編）』一〇六頁。
(27)前掲『多摩ニュータウン開発の歩み（第一編）』一〇七～一〇九頁。
(28)前掲『多摩市史 通史編二』八七五頁。
(29)前掲『多摩市史 通史編二』八七六頁。
(30)前掲『多摩市史 通史編二』八七六～八七七頁。
(31)前掲『多摩市史 通史編二』九三四頁。

# 第九章　稲田堤の桜と多摩丘陵の開発

## ——相模原線と川崎市・稲城市

多摩川鉄橋を渡る京王線

稲田堤の桜（絵葉書）

前章では多摩ニュータウン開発計画に伴う相模原線開業のお話をしました。本章では少し路線を遡る形で、相模原線が多摩市に入る前の川崎市多摩区と東京都稲城市の地域についてお話ししたいと思います。同地域と京王線の関係は、戦後の相模原線開通以前においても、多摩川を挟んだ沿線地域として深いものがあったのです。

## 「丘を越えて」稲田堤の桜

相模原線が開通する前、京王電気軌道が調布駅から多摩川原までの支線を開通したのは、一九一六年のことでした。この多摩川支線は調布の章で述べましたように、多摩川沿岸の川砂利輸送と、同地における旅客誘致の二つの目的をもって建設されたものでした。この開発と観光の影響は当然ながら、多摩川対岸の稲田村(神奈川県橘樹郡昭和七年に稲田町、現川崎市多摩区)や稲城村(東京府南多摩郡、現稲城市)にも影響を与えました。

影響の第一は観光上の効果でした、当時稲田町の多摩川沿いには一八九八年(明治三一)に地元の原島源次郎・上原量平らが発起人となり、近隣の住民が家ごとに桜の苗木を三本から五本程度持ちより、中野島から矢野口に至る約一〇〇〇間の堤敷に植樹し、県に寄付された桜並木が名物となっていました。当初は桜が根を張ることによる防災効果が期待された側面が大きかったのですが、徐々に苗木を染井吉野に統一していった結果、四月になると三〇〇本近くの桜が一斉に花開く、近郊の名所として知られるようになっていたのです。同地には現在でも「多摩川稲田堤桜の碑」が残っていますが、その碑文には「京王電車の通いてよりは、都の人の杖を曳くもの愈賑いて、今は郊外に二なき名所とはなれりける」と記されており、京王電軌が対岸の多摩川原に到達した結果、同地の桜が都人士に広く知られるようになったものとされています。花見がピークとなる四月の第一・第二日曜日には新宿駅が混雑し、臨時電車が出るほどであったそうです。[1]

当時の稲田堤の賑わいを示すエピソードとして次のような話があります。作曲家古賀政男は自伝『歌はわが友わが心』において、明治大学を卒業する前年の春（おそらくは一九二八年）、所属するマンドリンクラブの学友と多摩川沿い、稲田堤の花見へとでかけ、帰宅後に学生時代最後の思い出をメロディーにしたためたと記しているのです。[2] この時の曲が後年島田芳文の歌詞と藤山一郎の歌によって「丘を越えて」という名曲になったというのです。古賀政男の回想には現地までの交通路は記されておらず、時代を考えると近隣の小田急線や南武鉄道を用いて来訪した可能性も捨てきれませんが、やはり新宿から京王線を通して多摩川河畔を訪れたとみるのが妥当かもしれません。

また一九二九年（昭和四年）に詩人、北原白秋が稲田村青年団の懇請で作詞した「多摩川音頭」（作曲は町田嘉章）の一節には、「一瀬一瀬と小鮎はのぼる　花の吹雪の瀬で太る」と多摩川名物の鮎と稲田堤の桜を描いたと思われる歌詞が記されています。この多摩川音頭は青年団の出し物として、花見の季節には稲田堤の花見会場や京王閣において、編み笠、浴衣姿で踊られたと言います。[3]

このような賑わいに対して、地元稲田村菅地区の住民は、遠方から来訪した花見客を相手に、屋台店風の売店を開設し、ビール、酒、サイダー、キヌカツギ、ゆで卵、焼きイカなどの簡単な酒食の販売を行い、また貸しゴザなどを提供して、貴重な臨時収入を得ることができたと言います。出店は稲田村側だけでなく、対岸の調布側に渡って行われることも多かったそうです。一方で一九二二年には、桜樹保護会を結成し、酔客による桜への狼藉を防ぐための警戒や、桜保存のための防虫や補植の活動が行われ、また出店を管理するために稲田堤料理組合（昭和期には稲生向協商組合）を結成するなど、稲田堤の桜を観光資源として維持するための活動が行われました。[4]この稲田堤の花見の最盛期は一九三五年（昭和一〇）頃であったと言われ、戦後になると同地の桜も徐々に痛みが激しくなり、また堤防上が川崎街道の側道として自動車道化されることにより、桜の数も減少してゆきました。現在では矢野口付近に残るわずかな桜と堤防下の稲田公園に残る桜が当時の面影を残しています。

## 多摩川対岸地域の電化

影響の二つ目は電灯・電力の供給です。京王電軌が電灯・電力の供給を行っていたお話はこれまでもしてきましたが、それは多摩川対岸の稲田・稲城地域にも広がっていました。菅の渡船場（一九七三年に廃止）付近の河川敷には巨大な送電鉄柱が建てられ、調布側から高圧送電で対岸に電気が送られました。送電された電気は河川沿いの平坦地だけでなく、多摩丘陵上の仙石部落（現よみうりランド付近）にまで配電されたそうです。[5]

稲城村では一九一九年に電灯が導入され、一九二五年には六六三灯（一戸平均〇・九灯）から一九三〇年には二一五七灯（一戸平均三・〇灯）と急速に灯数を増やして行ったことがわかっています。電灯は家庭用だけではなく、街灯に加え、神社、消防器械置場、水車、生糸揚場などにも導入されました。小学校の同窓会誌に「村の十字街は他の村には見られぬにぎやかさで夜は電気の光で道行く人を守ってをります」と記され、村に文明の灯りが届いたことを住民が喜んだ様が伝えられています。[6]

配電事業の営業拠点としては、各町村に出張所・散宿所が設置され、従業員が家族とともに定住していたそうです。稲田村と稲城村は現在の京王稲田堤駅付近の川崎街道沿いにあった、稲田散宿所の管轄であり、必要な電気工事や電球の交換などが行われていたといいます。電球交換は自然断線の場合は無料で行われていたのだそうです。[7]

## 多摩川砂利の採掘と地域への影響

京王多摩川支線のもうひとつの目的は、多摩川の砂利採取とその輸送にあったことも既に述べてきましたが、その影響は対岸の稲城村にも及びました。明治期までの多摩川の砂利採取は、沿岸の地元住民が農閑期の副業として、多摩川の砂利を「金ぶるい」でふるい分けて貴重な現金収入としていたと言われていますが、鉄道会社をはじめとする大資本が参入して大量採掘を開始したことにより、地域には様々な影響が生じたと言います。京王電軌も調布側の河原には京王閣を設置するなど観光地としての重要性があるため、砂利採掘に関してはむしろ対岸の稲城村方面の砂利採掘を重視したとも考えられます。また一九二七年には南武鉄道（現ＪＲ南武線）が川崎－大丸間で開業し、稲城村内に大丸（一九三九年廃止）、南多摩川（現南多摩）、稲城長沼、矢野口の三駅が設けられ、同鉄道でも砂利採掘が活発に行われました。[8] 京王電軌は「京王丸」という船に採掘機械を取り付けて矢野口の渡船場付近で採掘を行っています。そのため砂利を運ぶ自動車の通行量が増加して渡船場も大きな利益をあげましたが、その一方で川原には大きな採掘穴がいくつも生じ、河川増水時には採掘し残された土砂が散乱し、河川敷内・道路の復旧に困難が生じたという話もあります。さらに深刻な問題として、河川水位の低下がありました。稲城村矢野口周辺では従来湧水が豊富で、水利の不便がない地帯と言われていましたが、関東大震災後、この湧水の不足が深刻化しました。水位低下の原因は必ずしも砂利採掘だけではなく、村山貯水池の完成（一九二七年）や取水堰の設置など、複合的な原因によるものであった可能性がありますが、地元住民には川原の荒廃への反感とも相まって砂利採掘が原因であると考える人が多かったようです。原因が何であったにせよ、同地の水不足が深刻化したことは事実です。矢野口周辺では周囲の農業用水（大丸用水）への依存が強まり、降雨の少ない年には用水の利用を巡って人々の間で水争いが生じたり、また田畑の小作料を巡って、地主と小作農家との間の小作争議が生じることがあったそうです。[9]

## よみうりランドと相模原線の延伸

京王相模原線が多摩川を渡り、川崎市菅地区（稲田町は一九三八年に川崎市に編入）に京王稲田堤駅が開業したのは、一九七一年四月のことでしたが、戦前から稲田堤の桜などの観光資源の恩恵を受けて来た同地域では、それ以前から開発に対する意識が高まっていました。菅地区は丘陵部に約五〇ヘクタールの山林を抱えていたため、この地域の開発が議論に上るようになりました。なかでも正力松太郎を会長とし、川崎競馬場を運営していた（株）関東レース倶楽部が、新規事業としてゴルフ場建設計画を構想し、菅・稲城地区の丘陵地を候補地として挙げたことにより、開発を巡る議論は加速することになりました。菅地区では地権者ら五〇名が、稲田堤観光開発委員会（のちに稲毛開発連盟）を結成して交渉を行った結果、一九五九年に関東レース倶楽部との間に覚書が締結されました。開発計画は菅地区、稲城地区を合わせて一二〇万坪におよび、内約一〇五万坪がゴルフ場（読売パブリックコース、東京よみうりカントリークラブ）に、一五万坪が遊園地「読売ランド」に充てられることとなりました。用地買収は一九五七年に開始され、一九六四年に「読売ランド」が開園しました[10]。

「読売ランド」は前述しましたように、地方競馬運営を主業としていた（株）関東レース倶楽部（一九六八年に株式会社よみうりランドと名称変更）の新事業であったゴルフ場構想から派生した遊園地です。一九六一年に読売パブリックコースが開業しますが、家族を持つ成人男性が多いゴルフ客の家族向け娯楽施設として翌六二年に開設された「よみうりフィッシングセンター」を拡大し、一九六四年に実施が予定されていた東京五輪開催に合わせる形で一大レクリエーションセンターの建設が構想されました。遊園地の一般開業は一九六四年の三月二〇日であり、当日は衆議院議員中曽根康弘、鹿島建設会長鹿島守之助、オペラ歌手の長門美保等、各界の著名人が来訪し開園を祝しました[11]。

同遊園地へのアクセスとしては丘陵南側に小田急線西生田駅がありましたが、この遊園地開業に合わせて「読売ランド前」と改称され、バスによる遊園地へのアクセスが整備されました。丘陵北側への京王相模原線の延伸と「京王よみうりランド駅」の開設は開園に間に合わず、一九七一年四月となりましたが、同駅には「スカイロード」と呼ばれる動く歩道が設置され、遊園地へのアクセス向上が図られました（一九九九年にゴンドラ設置に伴い廃止）。ちなみに小田急駅の「読売」が漢字表記で、京王駅がひらがな表記の「よみうり」であるのは、開園当初の同遊園地の名称が「読売ランド」と漢字表記であったものが、一九六八年に社名変更にともない、遊園地名も「よみうりランド」と平仮名表記に変更され、京王の駅は平仮名化の後に駅が設置されたことによるものです。

「読売ランド」の開園は、地元の農業経営にも大きな影響を及ぼしました。多摩川沿岸の稲田・稲城地域では、明治期より梨や桃といった果樹栽培が盛んであり、戦時期に一時期衰退を見せていましたが、戦後再び栽培が活発化していました。戦前期から観光を意識することの多かった同地では、戦後の梨栽培を市場出荷ではなく、「もぎとり即売」を中心とする観光農業路線に乗せてゆくことになりました。稲田地区では「菅梨もぎとり会」「稲田梨もぎとり会」などの農家組織が結成され、多摩川沿岸の行楽客に向けた観光農業に取り組み、「多摩川梨」のブランドを形成してゆきました[12]。

## 多摩ニュータウン計画による開発と用地買収

稲城村は戦後一九五七年に南多摩郡稲城町となりました（一九七一年に市制施行）が、同町も多摩ニュータウン計画に組み込まれ、その開発の影響を強く受けることとなりました。多摩川砂利の採掘は戦後の復興期に再び活況を見せましたが、その後規制が強化され、一九六四年には青梅萬年橋までの商業採掘が全面禁止されるに至りました。しかしその後、今度は稲城地区の多摩丘陵の山砂が注目されるようになります。同地の山砂は気密性が高く、都心の地下鉄や上下水道工事の埋め戻しに活用されたのです。この時点で京王相模原線の計画が丘陵部地権者に噂として広がっており、地権者は山砂採掘の後の宅地造成を見込んで業者に採掘権を与えたものと言われています。現在の京王相模原線稲城駅のある付近はこの時の山砂採取の跡地を造成したものです。しかし山砂は下の層ほど良質な砂が得られるため、多摩丘陵の上部だけではなく斜面の麓を削り取る業者が多発した結果、稲城市の多摩丘陵北面には今日に至るまで地肌の露出した急崖が形成されることとなりました[13]。

その後多摩ニュータウン建設にともなう用地買収が始まるのですが、稲城町の地主のなかには計画に強く反発し、最終的に新住宅市街地開発法に基づく土地収用によって、所有地を買収され、代替地を静岡県で自力で獲得して農業を継続した方もいたそうです[14]。ニュータウン開発により稲城市の市街地化は急速に進められ、その後の京王相模原線の開業により、市内では京王よみうりランド駅が一九七一年に、稲城駅は同線多摩センター駅までの開業のタイミングで一九七四年に開業しました（同時期に開業した隣駅の若葉台駅は川崎市麻生区に位置します）。この新線が出来たことにより、住民の利便性は大幅に向上したことは間違いありません。それまでは南武線が主な交通の足であり、都心へは川崎か立川経由で向かう必要があったものが、新宿方面に直通で出られるようになったのです。しかしこうした利便性向上の背景に、多摩川沿岸から始まり多摩丘陵に至る長い開発の歴史があったことは記憶されるべきでしょう。

［註］

(1)菅町会『菅町会六〇年記念誌』（二〇〇七年）六七頁。
(2)『古賀政男　歌はわが友わが心』（日本図書センター、一九九九年）。
(3)角田益信『多摩川音頭余話』（昭和書院、一九九九年）一四〇頁。
(4)前掲『菅町会六〇年記念誌』六八頁。
(5)前掲『菅町会六〇年記念誌』七三頁。
(6)稲城市教育委員会生涯学習課『稲城のあゆみ 改訂版』（稲城市教育委員会、二〇一二年）一五六〜一五七頁。
(7)前掲『菅町会六〇年記念誌』七四頁。
(8)稲城市『稲城市史下巻』（稲城市、一九九一年）七八三〜七八四頁。
(9)前掲『稲城のあゆみ 改訂版』一六二〜一六三頁。
(10)前掲『菅町会六〇年記念誌』一四二〜一四三頁。
(11)よみうりランド社史編纂委員会『よみうりランド レジャーとともに四〇年』（株式会社よみうりランド、一九八九年）一一〇〜一一一頁。

⑿前掲『菅町会六〇年記念誌』一四三～一四四頁。

⒀前掲『稲城市史 下巻』八二六～八二七頁。

⒁細野助博・中庭光彦編『オーラル・ヒストリー 多摩ニュータウン』（中央大学出版部、二〇一〇年）二六八頁。

# 第一〇章　動物園がやってきた——日野市と京王線

鮫陵源の案内

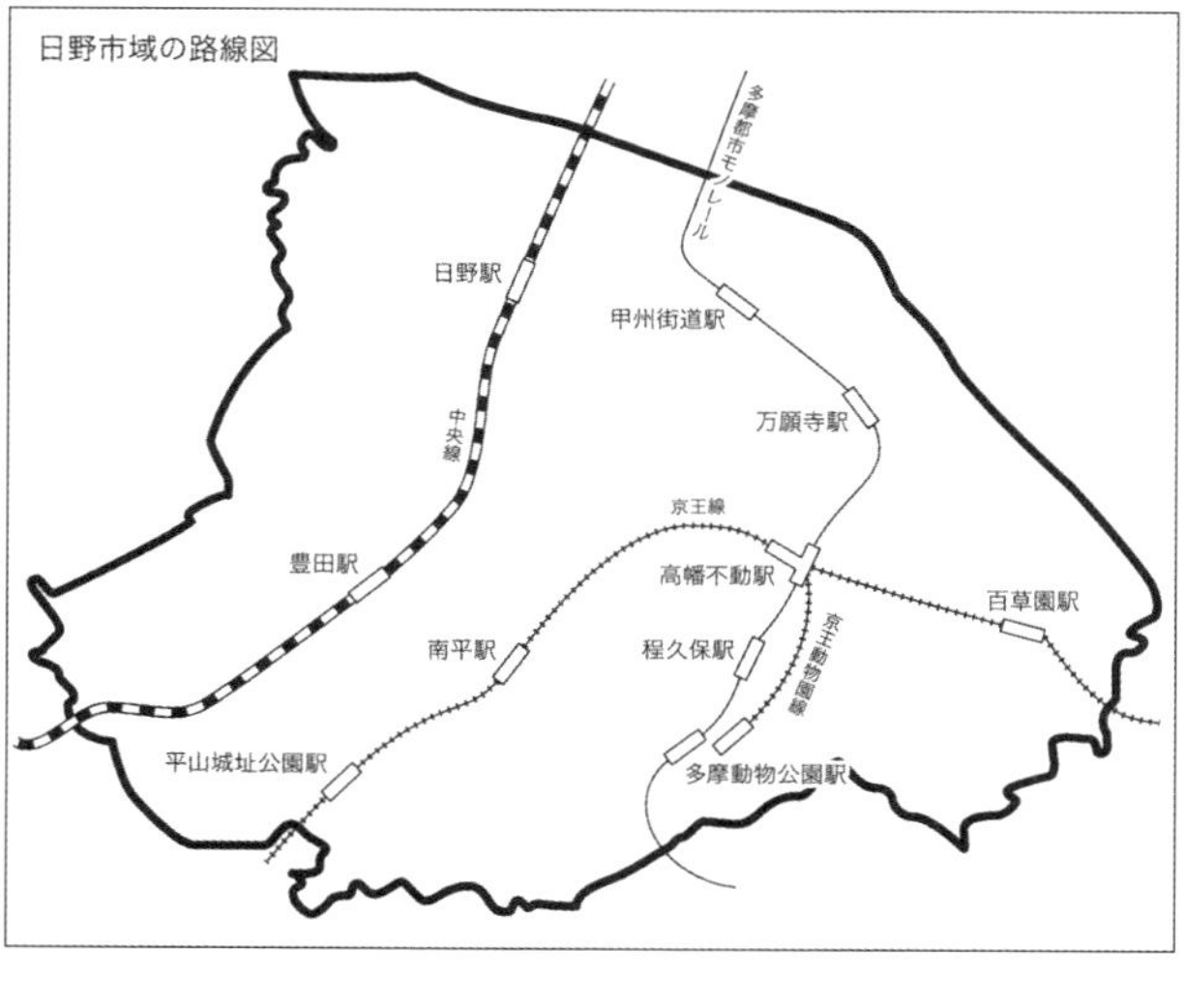

京王線本線は聖蹟桜ヶ丘駅を出ると、西方の日野市に入ります。日野は元々甲州街道の宿場町であり、街道と宿を中心に発展してきた地域です。京王電気軌道は当初甲州街道沿いに計画されていましたから、初期の計画では京王線も甲州街道に沿って、現在の百草園駅の北側、支流の浅川と多摩川の合流地点よりも上流で多摩川を渡り、日野駅と豊田駅の間で省線（中央線）と交差し、北側から八王子市街に入るルートが計画されていました。しかしその後の玉南電鉄時代に路線計画が変更され、当時の日野町を回避し、南に隣接する七生村を通るルートが選択されることとなりました。玉南電鉄が甲州街道を離れるルートを構想した理由については、既に述べました通り、地方鉄道法の補助金獲得があったものと思われますが、同社の創立委員には七生村から小宮佐一郎、朝倉英助、土方邦三、森久保守雄、平源之助、簱野良助、大塚菊太郎と、府中町の六名を上回る七名が名を連ねたことから、七生村の住民達が玉南電鉄の誘致に積極的に活動したことが伺われます。[1] 七生村は後述する百草園や高幡不動を除けば、商業的基盤の薄い土地柄であり、京王線としても同地における行楽・観光的要素をアピールして旅客誘致に努める動きを見せました。本章では現在の日野市域における駅設置と観光・行楽施設の発展についてみてゆきたいと思います。

百草園より多摩川を望む（絵葉書）

## 文人たちの集った名勝百草園

百草園駅は玉南電鉄開通前には、七生村内の大字名である「落川停車場」という名称で計画されていました。しかし開通前に「百草《もぐさ》」と名称変更し、一九三七年五月に現在の「百草園」となっています。[2] 百草自体も七生村の大字名ではありますが、駅名変更理由は「風景絶佳ナル百草園等ノ勝地」があることとされ、附近の名所である百草園に因んだ名称にすることにより、沿線イメージの向上と旅客誘致を図ったものと言えるでしょう。駅の建設には百草園入口付近の残土がトロッコを用いて人力で輸送され用いられたといいますが、開業当初の百草駅は小さな無人の木造駅舎であり、キップ等は車掌（女性が務めることもあったという）が集める方式であったそうです。またホームに駅員がいないため停車時には車掌が一度下車して安全確認してから呼子を吹いていたため、稀に車掌が乗車に失敗して走って列車を追いかけるという珍事も起こったのだそうです。[3]

百草園は七生村出身の生糸商人であった青木角蔵が、廃寺となり荒廃していた松蓮寺を買い取り、手入れをして一八八七年（明治二〇）に開園した庭園です。園内の多摩丘陵の高台からは武蔵野が一望のもとに眺められ、多摩川があたかも「白蛇の走る如く眼下を流れ」、絵にも描けない眺めであると都人士の遊山の名所として知られるようになってゆきました。[4] 北村透谷や徳冨蘆花など、文学者にも同園を訪れた人物は数多く、なかでも歌人若山牧水は第二歌集である『独り歌へる』（八少女会、一九一〇年）の編集のため、同地に一カ月滞在したと言われています。[5]

百草園は一九五七年に京王が直営することとなり、通路を整備し園内を整えて庭園型の遊園地として整備し、今日に至っています。[6] 梅林、紫陽花、紅葉など、季節折々の景色が行楽客を楽しませています。

## 高幡不動とカフェー街

高幡不動尊は関東三大不動の一つと呼ばれる古刹であり、正式には高幡山明王院金剛寺といい、真言宗智山派の別格本山として広く信仰を集めてきました。また境内には新撰組の近藤勇、土方歳三の碑顕彰があり、今日に至るまで新撰組ファンの参詣者を集める寺でもあります。

しかし高幡不動の門前は、江戸時代には商業的発展を見せていたとは言えず、周囲は田んぼ続きで明治中期ごろまでは、仁王門と若宮神社の間は見通しのきく風景が広がっていたといいます。一八八九年（明治二二）に甲武鉄道日野駅が開業すると、東京からの参詣人が徐々に増えてゆき、一九一四年（大正三）には「武州高幡山なるは南多摩の七生村　いざ導かん此道へ　新宿停車場前にある　福寿亭にてもの問えば　三十三銭の汽車の旅　走りし行程一時半（以下略）」と歌う『武州高幡山案内唱歌』が発表されるなど、知名度の向上とともに門前は徐々に賑わいをみせ、「栄昌堂」（饅頭屋）、「扇屋」（荒物雑貨・酒・薪炭等）、「角屋」（旅籠）、「三沢屋」（呉服・衣料店）などの商店が出店されてゆきました。(7)

さらに一九二五年（大正一四）に玉南電鉄の高幡駅が開業（一九三七年五月に高幡不動駅に改称）されると、門前に道路が建設され、商店や住宅が建設されて門前町が形成されてゆきました。興味深いのは昭和の初期に、この門前町にカフェー街が形成されたということです。当時のカフェーは女給と呼ばれる女性店員が接待して、洋酒類等を提供した飲食店でした。一九三五年頃の高幡不動尊前には二〇軒を超えるカフェーや飲食店が軒を並べており、特に不動尊の縁日である毎月二八日には、昼は家族連れ、夜は青壮年で賑わったといいます。このカフェー街も戦時期の一九四〇年頃に風紀上の観点から姿を消し、戦後は復興することがありませんでした。(8)

## 用地寄付によって作られた南平駅

玉南電鉄が七生村に当初予定した駅は、落川、高幡、平山の三駅でした。これに対して七生村の大字で高幡と平山の間に当たる南平地区では駅の誘致運動が発生しました。南平の住民達は一九二五年十一月、寺澤利右衛門を総代として駅用地二四四坪を玉南電鉄に寄付し、地元青年団で駅建設工事を請け負って南平駅設置を推進しました。[9] 工事の途中に盛土用土の崩落により青年二名が巻き込まれるという事故が発生し、工事が遅延したものの、一九二六年四月に南平駅開業に至ったのでした。[10]

南平駅は七生村内の駅のなかでも開業当初、最も閑散とした駅の一つと呼ばれましたが、戦後一九四八年五月に七生中学校が駅東方に設置されたことにより、乗降客数も徐々に増えていったと言われています。[11]

## 野猿峠ハイキングコース

駅の話から少し離れますが、一九三〇年代の後半、京王電軌はハイキングコースの宣伝活動を盛んに行うようになります。これは昭和恐慌による不況と、その後の戦時色の高まりによる旅客収入の落ち込みに対する対策だったと考えられます。社会に戦時色が強まり、国民の娯楽に対する社会の眼が厳しくなるなかで、身体の鍛錬を伴うハイキングは、娯楽のなかでも比較的奨励しやすいものであったかもしれません。ハイキングコースとしては高尾山や南多摩御聖蹟廻り、多摩川畔ハイキングコースなどが存在しましたが、なかでも野猿峠ハイキングコースは人気があったと言います。[12] このコースは南平駅から現在の多摩動物公園の裏手を回り、平山城址公園を経て野猿峠を越え、北野駅に至る約2時間余のコースです。[13] 当時のコース紹介には次のように記されています。

「『赤駒を山野のはかし捕りかにて多摩の横山かしゆかやらん』と万葉の昔より謡はれてゐる此の野猿峠越えコースは帝都から手の届く様な近くにあって而もコースの起点高幡不動尊は往時より名高き寺院清和天皇の御請願でありしと云ふ。近時一層人口膾炙せられてゐる。本尊は成田不動尊と同木で高さ一丈余　弘法大師御手づからの作。本当の天井には鳴龍あり、境内には近藤勇、土方歳三の碑がある。ここより登って新設の東京府林道を遡り野猿峠を経て御殿峠に至る。途中六国台や道了堂の大展望多摩川の清流と富嶽の秀姿とは間絶えず左右につき従ひ由緒ある神社仏閣又は城址、広潤芝生が豁然と展開するかと見れば深山を思わせる。密林が天目を覆うて眼前に横たはる　長沼附近の森林には家庭の必需品である磨砂の採掘洞が見られ又小鳥のかすみ網の小屋等興味深い。片倉の城址は応永年間大江広元の居城であった」[14]。新設の南平駅は新たなハイキングコースの入口駅として徐々に乗客を集めるようになってゆきました。

## 鮫陵源と平山城址公園

平山城址公園駅は当初、平山駅として開業しました。平山とは七生村の大字名ですが、源平の戦いで源義経の部下として活躍した平山季重の出身地として知られています。[15] 戦前期、この平山駅付近には「鮫陵源《こうりょうげん》」と名づけられた遊園地が存在していました。設立したのは、元薩摩藩士の貿易商で、京王電気軌道の株主でもあった鮫島亀之助という人物です。鮫島がこの「鮫陵源」を開園したきっかけについては「本場経営者は夙に魚族及水禽類の蕃殖に愛着心を有し就中趣味の金魚養成に力を致すこと多年、されど畢竟小趣味に終始し兎角消極的且つ不生産的に堕するを即ち如何にして汎く大方世人に其趣味の満喫を供し共存共栄的に其福利を享受せんと志し、規模の拡張と経営の革新を企念し好適の場所を探索するや久し、偶々帝都の近き此地に於て、無尽蔵なる湧水と環境の絶佳にして魚族養殖に絶好の地を得るに至りここに愈々と積極的に生産的経営を目指して計画を始めたのである」と述べられています。[16] 平山付近は浅川が形成した崖線からの湧水が豊富であり、金魚をはじめとする魚類の養殖を趣味とした鮫島が、趣味と実益を兼ねて建設した、釣り堀兼水族館といった趣の遊園地であったようです。

開園は一九三六年六月のことであり、敷地面積は最盛期で三万坪に達したと言われています。[17] 園内にはプールや釣り堀、ウッドボールゴルフなどの施設に加え、滑り台やブランコ、シーソー等の子供向け遊具、小座敷や洋風食堂などが備えられていました。同園には付近の小学生等が平山駅から訪れたということです[18]。この鮫陵源は一九四三年まで営業を続けますが、戦争の激化により、経営中止に追い込まれました。その後跡地は陸軍に接収されるなど曲折を経た末、一九六四年に東京都住宅供給公社が平山住宅の名称で宅地開発を行うこととなりました[19]。

平山には鮫陵源の他にも、「多摩カントリークラブ・平山ゴルフリンクス」と呼ばれたゴルフ場が一九二七年に[20]、「多摩八王子競馬場」が一九二八年に八王子中野上町から移転してくるなど、行楽施設が数多くつくられました。特に競馬場では京王線の駅の他に省線の日野、豊田駅からも乗り合いバスやハイヤーが行き交い、激しい乗客の奪い合いが生じるほどだったと言います[21]。

鮫漁源南門

これらの施設も戦時期から終戦後にかけて徐々に姿を消し、現在では多くの跡地が住宅地となっています。

京王が平山付近の開発に乗り出すのは戦後のことです。戦後京王帝都は、平山宗印寺の南方一帯の丘陵数万坪を開いて、平山城址公園として開放しました。「城址」とは名づけられましたが、この地に平山氏の城があったのかどうかについての明確な証拠はなく、多分にキャッチ・コピー的な名称であったもののようです。公園内には平山季重を祀った季重神社のほか、子供向け遊具や展望台などが設置され、野猿峠ハイキングコースの一角とされました。[22] 同公園の造成に合わせて、一九五五年九月に駅名を平山城址公園駅と改称したのです。[23]

### 多摩動物公園と動物園線

高幡不動駅には支線が一つあり、これは多摩動物公園駅へと単線で通じています。多摩動物公園は日野市程久保にある都立動物園であり、一九五八年五月五日に開園されました。[24] 上野動物園と異なり、できるだけ広い区域にその動物の自然に近い生態を見せることをコンセプトとして、候補地が選定された結果、都立多摩丘陵自然公園の一角に約一八万四〇〇〇平方メートルの用地が求められ、開園されたものです。[25] 京王帝都は沿線に設立されるこの遊園地計画の誘致を七生村と協力して行い、独自に買収した三三万平方メートルの土地を七生村長名で東京都に寄付しました。さらに開園を早めるために建設工事を引き受け、工事完成後に施設を東京都に寄付するという積極的な関与を行っています。[26] ずいぶん気前の良い話に聞こえますが、沿線に巨大な旅客誘致施設を完成させることは、その後の京王の運賃収入の増加に寄与することが期待できましたし、巨額の維持費用がかかる動物園を自ら所有しようとしなかった点に、京王の合理的な経営判断を見る事ができるとも言えるでしょう。

同園は多摩丘陵の自然環境の内に、動物運動場も広く設定され、南向き斜面に大部分の動物舎を、北向き斜面の一部と水面に水類を配置し、これ等をつなぐ主要通路並びに側線道路を設定しました。動物は一九六二年時点で一八三種、一一一七点が飼育され、年間入園者は九一万人を数えるに至りました[27]。

開園時の盛況は大変なものだったようで「午前中から人がどんどん増えてすごかったね。京王線の電車も人が乗り切れない（当時は二両編成）ので、日野駅まで歩いて中央線で帰った人も多かったです。ジュースだろうと、弁当だろうと、この近所で売った口に入るものは全部売切れてしまいました」、「この辺はしもた屋でも酒屋さんからジュースやらなんやらを仕入れたり、簡単なものを作って売ったりと、にわか商人をやりました。お弁当は売れたけど、食べる場所もなかったんじゃないかな」、「駅も混んでて暗くなるまでずいぶん人がいたね。電車だって乗れるものなら乗ってしまおうって感じでぎゅうぎゅうに混んでたね」、「日野駅からもぞろぞろ人が歩いていったね。（中略）なにしろ高幡の方へ行ったバスが帰ってこねえんだもの。それから京王線の切符が全部売切れちゃったって話だもの」などという話が伝えられています[28]。

その後一九六四年四月に前述の高幡不動－多摩動物公園駅間の多摩動物公園線（現動物園線）が開通し、動物園へのアクセス向上が図られることとなったのです[29]。

## 平山住宅地の開発

戦前の京王線においては、日野市域では観光を中心とした旅客誘致策が取られてきましたが、戦後高度経済成長期に入り、首都圏人口が増加してゆくなかで、日野市域も都心への通勤圏に組み込まれてゆくこととなりました。本線では先行して、調布の「つつじヶ丘」、多摩の「桜ヶ丘」、八王子の「めじろ台」などが大型住宅地開発として進められてきましたが、これに続く形で日野市域の平山地区が「平山住宅地」として大型開発の対象となりました。造成が開始されたのは一九六八年末でしたが、同地は平山城址公園と隣接しており、宅地造成等規制法指定の規制区域であったために、開発に許可が必要であり、また区画整理法に基づく施工認可も必要だったことから、工事はこれらの許可が整った六九年八月から開始されました。第一期分の工事が完了し、分譲が開始されたのは一九七三年六月のことでした[30]。

平山住宅地の総面積は約五〇ヘクタールであり、計画地域内に総面積の四パーセントを超える公園が設置され、センター地区に集会所・図書館・児童館の他、店舗併用住宅のモール街を建設するなど、従来の桜ヶ丘、めじろ台の開発の経験を活かしたコミュニティ機能を備えた住宅団地開発が進められています[31]。

［註］

(1)多摩市史編集委員会『多摩市史 資料編四 近現代』（多摩市、一九九八年）一一六頁。
(2)日野市史編さん委員会『日野市史 通史編四 近代（二） 現代』（一九九八年）一四六頁。
(3)朝倉康雅『ふるさと落川』（一九八三年）四〇～四一頁。
(4)日野市史編さん委員会『日野市史 別巻 市史余話』（一九九〇年）一三六頁。
(5)前掲『日野市史 別巻 市史余話』一三八頁。
(6)七生村誌編纂委員会『七生村誌』（一九六三年）一三九頁。
(7)森久保憲治『高幡風土記』（二〇一〇年）一一九～一二〇頁。
(8)日野の昭和史を綴る会『聞き書き・日野の昭和史を綴る』（日野市中央公民館、一九九四年）九四～九五頁。
(9)日野市史編さん委員会『日野市史史料集 近代3 産業・経済編』（一九八二年）三九九頁。
(10)前掲『日野市史史料集 近代3 産業・経済編』四〇四頁。
(11)佐藤孝太郎監修・清水正之著『京王五十三次』（京王多摩文化会、一九六二年）八九頁。
(12)前掲『聞き書き・日野の昭和史を綴る』九六頁。
(13)前掲『京王五十三次』八九頁。
(14)前掲『聞き書き・日野の昭和史を綴る』九七頁。
(15)前掲『京王五十三次』九一頁。
(16)ひらやま探検隊編『平山をさぐる 鮫陵源とその時代』（日野市生活課、一九九四年）六頁。
(17)前掲『平山をさぐる 鮫陵源とその時代』六～七頁。
(18)前掲『平山をさぐる 鮫陵源とその時代』八～九頁。

(19)前掲『平山をさぐる 鮫陵源とその時代』一一頁。
(20)前掲『聞き書き・日野の昭和史を綴る』九八～九九頁。
(21)前掲『聞き書き・日野の昭和史を綴る』一〇五頁。
(22)前掲『七生村誌』三九頁。
(23)前掲『日野市史 通史編四 近代（二） 現代』一四六頁。
(24)前掲『日野市史 通史編四 近代（二） 現代』一四六頁。
(25)前掲『七生村誌』四〇頁。
(26)京王帝都電鉄株式会社総務部編『京王帝都電鉄30年史』（一九七八年）七八～七九頁。
(27)前掲『七生村誌』四一～四二頁。
(28)前掲『聞き書き・日野の昭和史を綴る』二〇六～二〇七頁。
(29)京王電鉄株式会社広報部編『京王電鉄五十年史』（京王電鉄株式会社、一九九八年）六二一頁。
(30)前掲『京王帝都電鉄30年史』一五九頁。
(31)前掲『京王電鉄五十年史』一一七頁。

# 第一一章　御陵線から高尾線へ
## ――京王線と八王子市

高尾山ケーブルカー

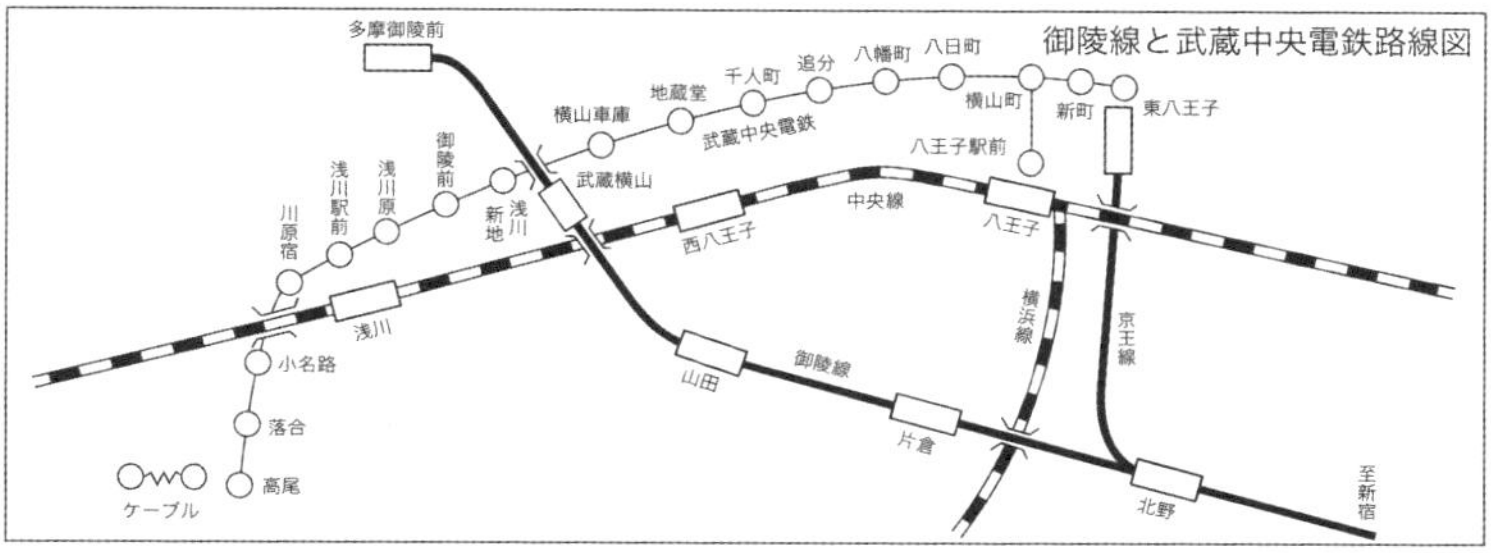


『京王帝都電鉄 30 年史』より

## 甲武鉄道の開通と由井《ゆい》村の玉南電鉄誘致

一八八九年（明治二二）八月、新宿―八王子間に甲武鉄道が開通しました。八王子は江戸時代から秩父地方や甲州・信州からの生糸・織物・ぶどう・木材薪炭などの物産の集散が盛んであり、また幕末から近代に入ると横浜への輸出供給経路の拠点ともなったことからも、同地に鉄道敷設が計画されたのは当然のことだったと言えるでしょう。

その後、京王電気軌道も新宿―八王子間の電車敷設を計画しますが、資金面の制約により延伸が府中で一時中断し、玉南電気鉄道を開業して当初予定よりも南側の経路を選択して八王子まで延伸したことはすでに述べてきました通りです。日野市南部の旧七生村村域を通過した玉南電鉄は、現在の八王子市南部の旧由井村を通るルートを選択しました。由井村は甲武鉄道が開業した一八八九年に北野村・長沼村など六ヶ村が合併して誕生した村です（一九五五年に八王子市に合併）。しかし当時の由井村住民にとっては、集落のはるか北側を通る鉄道の開業への関心は薄かったようです[1]。

その後中央沿線の目覚ましい発展をみた、府中以西、特に多摩丘陵沿い地域の人々は鉄道誘致への意識が高まり、由井村でも多摩村・七生村等の人々と一体となって玉南電鉄誘致に協力したのでした。玉南電鉄の創立委員には当時由井村の助役であった水越多之吉が就任しており、用地買収や施工の推進に関わる地域と会社間の折衝にあたりました[2]。玉南線の工事は一九二四年

（大正一三）五月から開始され、長沼・北野地区では多摩丘陵両田部落の土砂をトロッコで運び、盛り土を進めていきました。[3]八王子の終点は、当初中央線の南側を通り、八王子町の西部に位置する台町を計画していましたが、その後明神町に変更され、南側から中央線を縦断し、八王子市街北側に入るルートが建設されました。[4]

玉南線の開通により、由井村の北野・長沼から八王子や高幡・府中方面に出るには大変便利になりましたが、開業当初の乗客はそれほど多くはなかったといいます。長沼駅周辺は一面の田んぼで、用水を利用した水車がコットンコットンと音を立てながら地元の精米や製粉を行うというのどかな田園風景が広がっていたそうです。[5]

## 煉瓦工場のあった長沼・北野

長沼駅は当初現在の位置から約二〇〇メートル東の位置に計画されていましたが、隣接駅との距離を調整することと、六社宮の参道の正面にある位置が好適であると考えられたことから、現在の位置に変更されて開業しました。玉南線は当初単線で開業されましたが、同駅には電車すれ違いのための側線が設けられました。[6]

長沼の多摩丘陵沿いの土地には煉瓦の原料となる良質の粘土や川砂が豊富にあり、地元有志により一八九七年（明治三〇）に八王子煉瓦製造会社が操業を開始しました。同社はその後、大阪窯業株式会社の八王子工場となりましたが、煉瓦原料の粘土を多摩丘陵大谷部部落付近から工場へと運ぶトロッコ線が引かれていたそうです。玉南電鉄の建設工事を行う際、このトロッコ線の橋脚下を通して軌道を敷設したため、電車が通過する際、よく電気のスパークが発生し、徐行運転をすることが多かったのだそうです。(7)

北野駅は当初は北野部落の中心部に近い、現在地よりも北西に位置する北野陸橋踏切付近に設置が予定されていましたが、打越部落の人々が駅用地を寄付するなど、活発な誘致活動を行った結果、現在の位置に開設されました。開業当時の北野駅は北側は一面の田んぼが広がり、北野天満宮の森がひときわ目立つ、静かな田園風景が広がっていたといいます。(8)

## 東八王子駅の開設と移設

本線の終点であった東八王子駅は、当初明神町の甲州街道口に開設されていました。駅前国道北側は一面の田んぼで、大きな養殖池のある料亭「いけす」や、大東園という旅館があったほか、駅の真向かいには八王子市街自動車の営業所が開設され、その東方には東京府立第四高等女学校（後の都立南多摩高等学校、現在は閉校）が存在しました。駅の西側には子安神社があり、境内に地名の由来でもある「大明神の池」が清水を湛えていたそうです。(9) 戦後一九六三年一二月、八王子市の都市計画に合わせて北野方面に約二〇〇メートル移転され、「京王八王子」と名称が改められました[10]。一九七〇年に京王八王子－北野間の複線化が実現し、一九八九年には駅の地下化工事が完了し、これによって一〇両編成の車両に対応できるホームが完成しました。一九九四年には駅ビルが完成し、商業ビルである「京王21」とバスターミナルも開業しています。

## 八王子の路面電車と乗合自動車－武蔵中央電気軌道・八王子市街自動車

元々甲州街道の路面電車として構想された京王電軌が、府中以西では街道沿いを離れ、南廻りのルートを選択してきたことはこれまでお話ししてきましたが、皮肉なことに、甲州街道沿いの八王子市街では別会社による路面電車が設置されることになりました。一九二九年に開業した武蔵中央電気軌道がその会社です。同社は開業時の浅川駅前－追分間を徐々に延伸し、三一年には八王子・東八王子－高尾橋間全線八・四キロメートルの運行を開始しました[11]。また東八王子駅前に営業所を開設した八王子市街自動車ですが、こちらは一九二三年（大正一二）に、個人営業として発足したバス会社です。赤く塗装した車体で知られ、同業の高尾自動車（現西東京バス）が「青バス」と呼ばれたことと対で「赤バス」と呼ばれ、住民に親しまれました。運転区間は当初（省線）八王子駅～追分間でしたが、徐々に運行範囲を拡大し、高尾山下まで伸ばしたことから、京王御陵線や武蔵中央電気軌道との競合性が強まり、一九二九年（昭和四）、武蔵中央電気軌道に買収され、その傘下に入ったのでした。[12]この武蔵中央電気軌道も一九三八年（昭和一三）に陸上交通事業調整法に基づき、京王電軌に合併され、翌三九年には営業を終了することとなりました。

## 多摩御陵の造営と御陵線の建設

大正天皇の崩御により、関東ではじめての皇室陵墓として、南多摩郡横山村（現八王子市長房町）に多摩御陵が建設され、全国から多くの参拝者が訪れることとなりました。この参拝者輸送のため、京王は、北野駅から分岐して七日市場・川久保・小比企・山田などを経て御陵前に至る六・四キロメートルの御陵線を建設します。計画当初は東八王子駅から市街北側を浅川沿いに御陵前へとつなぐ計画でしたが、この北回り計画は八王子市議会で否決され、南回り計画が採用されることになったといういきさつがあります。[13]反対の理由は当時東京府知事に提出された陳情書に「専用線ノ敷設ガ市ノ繁栄ヲ阻害スルコトハ過去ノ事実ニ徴シテ多言ヲ要セザル（中略）築堤ハ本市東部ノ発展（本市ハ地形上東部ヘノ発展ノ外ナシ）ヲ阻止セラルルハ勿論沿線居住者ノ受クル損害亦極メテ少ナカラズ」[14]と記されているように、築堤を要する専用線の建設が、市街地を分断することに対する反対であったほか、武蔵中央電気軌道との競合問題、さらに駅の北口で進行中であった都市計画（放射道路）との調整がネックとなったもののようです。市議会は京

多摩御陵・参道京王駅（絵葉書）

王に対して駅北側部分を併用軌道化するか、高架線化するよう要求しますが、費用面・速度面から京王側が受け入れられず、最終的に八王子市街を回避する南回り案が採用されたのでした[15]。

御陵線建設工事は一九三〇年五月に着工され、現場作業には朝鮮人労働者が多数雇用されたと言われています。突貫工事のなかで労働条件の改善を求めるストライキが発生したり、下散田－山田間の切り通し開削作業中に土砂崩壊が発生し、作業員二名が死亡するといういたましい犠牲も生じました[16]。また御陵の造営に関しては、地元住民の負担が大きかったという話もあります。造営の工事では関係村役場・在郷軍人・婦人会・青年団等の総動員での奉仕活動が実施されたほか、御陵付近の甲州街道の拡幅に際しては、受益者負担方式によって工事費の拠出が所有者に求められ、そのために質屋に向かった地主がいたり、拡幅分の土地を減歩として無償で道路にされた地主もいました。[17]また御陵には皇族のお召し列車が向かうこともありましたが、その際「お召し列車が通るので、洗濯物が干せないんです。みんなしまえって」、「農家の人は、お召し列車が通るなんていうと、その日だか、その前の日からだか、下肥なんかくんじゃいけなかったんだからね」、「線路から何メーター離れて仕事しろって。通るうちだきゃ、こっち来て拝めって」という回想が残されており、地元住民にとって負担が大きいことでもあったようです。[18]

しかしこうした負担を伴いながら一九三一年三月に開通した御陵前駅は、銅色瓦ぶき神殿造り風の立派な建物で、駅前の芝生では噴水が人々の眼を楽しませていたと言います。[19]また御陵に一般参拝が許されるようになると、沿道地域は全国からの参拝客で大いに賑わい、沿道には地元の人々を中心に野菜や果物、おみやげ等の露店が所せましと立ち並び、縁日さながらの風景をかもしだすなど、地域の賑わいにつながったとも言われています。[20]

御陵線の完成後の京王電軌は、平日は新宿―東八王子間直通で、北野・御陵前間を折り返し運転し、休日は新宿・御陵前間直通運転を行いました。しかし中央線も対抗して、新宿―浅川間の休日急行電車の運転を開始し、また往復運賃を京王線を下回る価格に値下げした結果、御陵線の経営も苦境に陥るなど、多摩御陵への参拝客を巡って京王線と中央線との間で激しい競合が発生したといいます。[21]

その後、御陵線は戦局の悪化とともに、不要不休線として一九四五年一月に運行を休止し、実質廃線の状態で戦後を迎えたのでした。御陵前駅も終戦直前八月二日の八王子大空襲の際、焼夷弾を受けて焼失してしまいました。[22]その後、一部区間は後述の高尾線に再活用されることとなりますが、その他の部分の多くは土盛りごと取り払われ、現在では宅地化が進んでいます。唯一南浅川の橋脚跡が現在も残されており、かつての御陵線の面影をしのばせてくれます。

## 高尾線の開通

戦後一九五九年四月に浅川町は八王子市に合併されましたが、それに伴い地元から京王帝都電鉄に対して、高尾山麓乗り入れの新線開設を希望する請願が出されるようになりました。高尾山薬王院（有喜寺）は天平時代の開山と伝えられており、江戸時代には成田山や川崎大師と並び、江戸や付近住民の参拝客を集める霊場として知られていました。明治・大正期になると行楽地としての開発も進められ、一九二六年には薬王院と地元浅川村の商工業者らが、参詣客の足の助けとして設立した高尾索道株式会社が営業を開始するなど、沿線の行楽地としての存在感を強めつつありました。[23]戦後も高尾山への行楽客は年々増加していたことに加え、予定される沿線地区には都営長房住宅や、都の宅地開発公社による台町住宅団地のほか、京王帝都自身も横山地区の共有林地帯に、後のめじろ台住宅地を計画するなど、周囲の宅地化が造成・計画中であったことから、京王帝都では、旧御陵線の一部を復活・活用して高尾山麓乗り入れの新線建設準備を進めることとなりました。[24] 高尾線は一九六七年一〇月に開通し、沿線住民の通勤線となるとともに、高尾山観光客を誘致する新線として、人気を博することとなりました。

高尾線の元となった御陵線には、分岐点の北野駅から、片倉、山田、武蔵横山、多摩御陵前と四つの駅が設置されていましたが、御陵線の休止と戦災により一時は全てが廃駅の状態となっていました。しかし戦後建設された高尾線が山田駅までの御陵線を活用して新設されたため、片倉駅（京王片倉駅）と山田駅は復活することとなりました。ただ山田駅に関しては高尾線計画時にすでに、めじろ台団地の開発と、めじろ台駅が構想されていたため、近接する山田駅は復活の予定がなかったとのことです。計画に驚いた地元住民の陳情の結果、高尾線でも山田駅が設置されることとなりました。[25] 余談ですが山田駅の名称は、一九五五年に八王子市に合併された南多摩郡横山村の小字名に由来します。しかし山田駅は厳密には山田地区ではなく、隣村由井村小比企小芝原に設置されました。そのため、由井村住民からは「小比企駅」「由井駅」への変更を求める請願が東京府知事に向けて提出されましたが、結局駅名変更は実現されませんでした。[26] その理由についてはは明らかではありません。

## めじろ台住宅地と戦後の住宅開発

高度経済成長期に入ると、路線の高速化の結果、新宿まで一時間で到達可能となった八王子地域も通勤層の住宅地として注目を集めるようになってゆきました。そうしたなかで京王帝都自らが、八王子で大規模開発を行ったのが京王めじろ台住宅地です。同住宅地が計画されたのは、旧横山村（一九五五年に八王子市に合併）の散田山と呼ばれる丘陵部でした。総面積は約九四万平方メートル、うち分譲地は約五七万平方メートルの広大な住宅地であり、桜ヶ丘住宅地同様、上下水道、排水設備、ガスなどのインフラが完備された、近代的住宅地として構想されました。用地買収は一九六一年から開始され、造成工事が行われた後、六七年一〇月一日の高尾線開通と、それに伴う、めじろ台駅の開設に合わせて分譲が開始されました[27]。都心通勤圏の新駅前住宅地という利便性も話題を集め、第一期売出日には徹夜組を含めて千人以上の客が殺到し、売出しの五七三区画が即日完売するという人気であったそうです[28]。

京王が自ら開発した住宅地の他にも、沿線には次々と大規模な宅地開発が浮上しました。長沼駅北側の、浅川と湯殿側の合流点にあたる「前の原」と呼ばれた地に都営住宅（現都営長沼町第2アパート）が建設され、一九六〇年から六一年にかけて三六五世帯の入居が行われました[29]。また多摩丘陵側でも丘陵を造成した日生北野台団地や、絹ヶ丘団地など、住宅団地が次々と建設されるようになりました。また一九六二年には北野駅北側に日本水産㈱八王子総合工場が操業を開始するなど、企業の立地も増加してゆきました[30]。こうした住宅開発・企業進出と歩を合わせる形で、八王子市は一九六六年から面積一二八ヘクタール、権利者数一二一二名に及ぶ大規模な「北野土地区画整理事業」を実施し、一五年の歳月をかけて一九八一年に完成させました[31]。長沼駅前でも、一九七九年から八二年にかけて駅南側東方、京王線と北野街道に挟まれた地域で、土地区画整理事業が実施されています[32]。土地区画整理事業によって水田と桑畑、クヌギ林の広がっていた北野駅付近の風景は一変し、住宅地と工業団地の立地する市街地が整備されたのでした。

## 多摩ニュータウンと堀之内、南大沢の開発

現在の八王子市域には、京王の本線と高尾線に加え、相模原線も通過しており、同線の京王堀之内駅と南大沢駅が八王子市域に入ります。この二駅は多摩ニュータウン西部地区開発大綱のなかでも、「京王相模原線を京王多摩センター駅から堀之内駅（仮称）、南大沢駅（仮称）を経て、国鉄橋本駅方面へ延伸し、入居にあわせて開通できるよう建設する」と、建設計画が明記されています[33]。

京王堀之内駅の南側はライブ長池地区と名づけられ、一九九〇年に街びらきが行われました。駅前街区に都市機能を集約的に整備したほか、地区南部の長池、蓮正寺、日枝神社がつながる地

区を「長池公園ゾーン」と位置づけ、かつて四谷に存在した四谷見附橋（一九一三年竣工）を移築するなど、景観にも配慮した街区を形成しています[34]。南大沢駅周辺は一九七七年の西部地区開発大綱に則り、開発による自然環境破壊に配慮した街区設計が進められました。南大沢駅の北側には一九九一年に東京都立大学（現首都大学東京）が移転し、キャンパス面積四三ヘクタール中、二二ヘクタールを緑地として保全するなど、緑地の確保を重視した街区設計のもとで開発が進められています[35]。

一方で、多摩ニュータウンの用地買収を巡っては、八王子市域内でも激しい抵抗のあった場所がありました。多摩ニュータウン一九住区に相当する堀之内寺沢地区は、明治時代から酪農経営が活発に行われた地域であり、一九六九年時点で三〇〇頭を超える乳牛と水田経営が営まれている地域でした。そのため、農業経営の継続のため、買収除外を求める請願が少なくとも一九六六年から継続的に続けられました[36]。その結果、一九八二年八月、東京都は一九住区について「計画区域に所在し、引続き酪農継続を希望する者については酪農集約区域に集約する」、「酪農集約区域については、新住宅市街地開発事業の区域から除外し、市街化調整区域に編入する」[37]として、原則として同地での酪農経営の存続を認める判断を下し、一九八四年に酪農集約区域約四・四ヘクタールを新住都市計画区域から除外する措置を行いました[38]。農業経営への強い意志がニュータウン計画の変更をもたらした貴重な事例と言えるかもしれません。

最後に、町田市の事例ですが、多摩境駅の設置を巡る問題をお話しして終えようと思います。相模原線で橋本に到達する直前の多摩境駅設置を巡っては、京王と地元自治体の間で激しい交渉があったことが知られています。八王子市内の南大沢駅から相模原市の橋本の間の約九七〇メートルの区間は、町田市を通過しているのですが、当初京王はこの区間に駅設置を予定しておらず、町田市小山地区の住民から駅の設置運動が起こりました。京王側は工事費用負担の観点から駅設置に難色を示し、これに対して町田市議会は一九八三年の市議会で「京王相模原線（仮称）小山駅実現に関する決議」を表明し、市をあげて設置運動に取り組んだ結果、一九八五年五月の東京都南多摩開発計画会議において新駅設置が決定されました。新駅は「多摩境駅」と名づけられ、一九九一年に開業したのでした[39]。

〔註〕

(1)清水正之『八王子 長沼町・北野町わが街』（一九八七年）三一頁。
(2)前掲『八王子 長沼町・北野町わが街』八四頁。
(3)前掲『八王子 長沼町・北野町わが街』八四頁。
(4)前掲『八王子 長沼町・北野町わが街』八五頁。
(5)前掲『八王子 長沼町・北野町わが街』四一～四三頁。

(6)前掲『八王子 長沼町・北野町わが街』八五〜八六頁。
(7)前掲『八王子 長沼町・北野町わが街』三六頁。
(8)前掲『八王子 長沼町・北野町わが街』八六頁。
(9)町会誌編集委員会『明神町いま昔 明神町三丁目町会町会誌』(一九九八年)二四頁。
(10)清水正之『八王子 明神町わが街』(一九八〇年)九四頁。
(11)八王子市立散田小学校PTA『地域誌 散田とその周辺』(散田小学校記念誌出版会、一九八五年)七〇頁。
(12)前掲『八王子 明神町わが街』九七〜九九頁。
(13)旭町史編集委員会『旭町史』(旭町町会・八王子駅北口商店会)一九八八年)一〇三〜一〇四頁。
(14)八王子市史編集委員会『新八王子市史 資料編6 近現代2』(八王子市、二〇一四年)四二八頁。
(15)八王子市市史編集委員会『新八王子市史 通史編5 近現代(上)』(八王子市、二〇一六年)六七七〜六七九頁。
(16)前掲『地域誌 散田とその周辺』六九頁。
(17)八王子市教育委員会編『ふるさとを語る─明治・大正・昭和の千人町』(一九八一年)三〇〜三一頁。
(18)前掲『ふるさとを語る─明治・大正・昭和の千人町』三一頁。
(19)立川秋雄『古里をたずねて』(二〇一三年)四八頁。
(20)前掲『地域誌 散田とその周辺』六七頁。
(21)青木助三『三軒在家むかしといま』(一九八三年)八三頁。
(22)前掲『古里をたずねて』四九頁。
(23)山口悠「高尾山ケーブルカーの建設」(『八王子市史研究 第2号』二〇一二年所収)。
(24)前掲『八王子 長沼町・北野町わが街』九二頁。

(25)清水正之『八王子 山田町わが街』(一九八五年)五一～五二頁。
(26)前掲『新八王子市史 資料編6 近現代2』四二九頁。
(27)前掲『八王子 山田町わが街』五二～五三頁。
(28)京王帝都電鉄株式会社総務部編『京王帝都電鉄30年史』(一九七八年)一三四頁。
(29)前掲『八王子 長沼町・北野町わが街』六五頁。
(30)前掲『八王子 長沼町・北野町わが街』六六頁。
(31)前掲『八王子 長沼町・北野町わが街』六六～六九頁。
(32)前掲『八王子 長沼町・北野町わが街』七二～七四頁。
(33)前掲『新八王子市史 資料編6 近現代2』八六二頁。
(34)都市整備公団南多摩開発局『多摩ニュータウン事業概要』(一九九〇年)五五～五八頁。
(35)前掲『多摩ニュータウン事業概要』六五～六六頁。
(36)前掲『新八王子市史 資料編6 近現代2』八五四～八五八頁。
(37)前掲『新八王子市史 資料編6 近現代2』八六三頁。
(38)前掲『多摩ニュータウン事業概要』六〇頁。
(39)倉持順一「多摩ニュータウン開発にともなう京王相模原敷設問題」(『多摩ニュータウン研究 No.9』二〇〇七年所収)。

## あとがき

本書脱稿の直前、テレビでスタジオジブリ作品『耳をすませば』（一九九五年、東宝）を視聴する機会があった。同作品は聖蹟桜ヶ丘を中心とする京王沿線の多摩丘陵住宅地の風景を美しく描き出しており、聖司が雫に「秘密の場所」として紹介する、多摩丘陵から武蔵野、そして都心方向を望むパノラマはアニメーションとはいえ、かつて百草園から蘆花が「展望無双」と称賛し、牧水が魅せられた風景が、歴史を経て「コンクリートロード」となった今日にあっても、失われていないと感じさせるものであった。一方でほぼ同時期に公開された同じジブリ作品『平成狸合戦ポンポコ』が多摩ニュータウンの開発の「影」の部分を描き出していたことを思う時、鉄道を含む地域沿線開発の「光と影」を同時期に提供する同スタジオ作品の「複眼性」は、地域開発の歴史を研究する際にも重要な視点であると感じることとなった。

本書は前著『小田急沿線の近現代史』の姉妹本という位置づけで執筆したものである。中央線沿線に住み、小田急沿線に勤務する筆者にとって、京王線は「近くて遠い」鉄道であった。地方出身で、上京して東京西郊に住み着いた筆者のような人間にとって、生活圏は都心から放射状に伸びる「横の移動」が中心であり、「縦に」隣接する京王沿線は長らく生活圏の外にあったのである。また京王線は沿線住民以外にとって、「インビジブル」な線路である。新宿駅、調布駅は地下化、府中駅は高架化されており、乗車しない限りほとんど視界に入ることがない。また現在国道二〇号線を自動車で八王子から新宿に移動しても京王線と交差する箇所は存在しない（旧甲州街道を走れば府中市内で二度も交差するのだが）のである。今日走行する京王線を最も美しく眺めることができるのは、二つの多摩川鉄橋を通過する時であろうか。しかし調査を進めてゆくにつれて、その不可視性自体が甲州街道沿いに敷設された京王線の歴史的特徴を表しているものであることが明らかになるとともに、筆者自身、沿線の歴史の豊かさと魅力に惹きこまれるようになっていった。

地域経済史の研究者ではあるものの、鉄道史の研究歴の浅い著者にとって、京王電鉄の歴史そのものについては、参考文献で提示した社史類に加え、青木栄一、島原琢、高嶋修一等の先達研究者の諸業績、また佐藤孝太郎、関根治子、村松功等各氏の著作が明らかにしてきた知見に多くを依存していることを明記しておきたい。また前著同様、本書も基本的には沿線図書館や郷土資料館・博物館で所蔵されている郷土史資料や自治体史を取りまとめる形で執筆を行った。本来歴史研究者としては一次史料を発掘して新たな知見を提供することが本筋であると心得ているが、近年の公共図書館や郷土資料館の置かれている状況、及び郷土資料保存に対する行政的サポートの貧弱さを顧みた時に、これら自治体の施設で刊行・保存されている自治体史や郷土史的業績の豊かさを紹介することに、本書のような著作の意義の一端があると考えるようになった。専修大学図書館のほか、国立国会図書館、新宿区立中央図書館、新宿歴史博物館、渋谷区立本町図書館、渋谷区立笹塚図書館、世田谷区立上北沢図書館、世田谷区立経堂図書館、杉並区立中央図書館、杉並区立永福図書館、三鷹市立駅前図書館、調布市郷土博物館、調布市立中央図書館、府中市立中央図書館、稲城市立第一図書館、多摩市立中央図書館、多摩市立唐木田図書館、日野市郷土資料館、日野市立中央図書館、八王子市中央図書館、八王子市南大沢図書館の各施設について協力を賜ったことを明記し、御礼を申し上げたい。註が多く、読者にとっては繁雑であったかもしれないが、先達の研究に対する敬意を示したものとしてご了解頂ければ幸いである。

最後に前著に引き続き、出版を快諾してくださったクロスカルチャー出版の川角功成氏には深く感謝申し上げる。また表紙デザインと沿線図、地図データを作成してくれた永江智明・友加夫妻、草稿を聴講してくれた非常勤先の早稲田大学文学学術院の院生諸君、そして画像資料の収集に多大な協力をしてくれた妻と、執筆期間中、休日といえば沿線をひっぱり回し、調査に付きあわせてしまった長男にも深く感謝する。

二〇一七年二月七日

永江雅和

## ●関連年表

一九一〇年（明治四三）四月十二日　武蔵電気軌道㈱を京王電気軌道㈱と改称
　　　　　　　　　　　九月二一日　京王電気軌道㈱を資本金一二五万円で設立
一九一一年（明治四四）七月四日　電気供給事業の許可を受ける
一九一三年（大正二）四月十五日　笹塚－調布間開通
一九一五年（大正四）五月三〇日　笹塚－新宿追分間開通
一九一六年（大正五）六月一日　調布－多摩川原間開通
　　　　　　　　　　一〇月三一日　調布－府中間開通
一九二三年（大正一二）九月一日　関東大震災により三日間休業
一九二五年（大正一四）三月二四日　玉南電気鉄道府中－八王子間開通
一九二六年（大正一五）一二月四日　京王電気軌道と玉南電気鉄道が合併
一九二七年（昭和二）六月一日　京王閣開業
　　　　　　　　　　一二月一七日　烏山－調布間の軌道移設工事完成
一九三一年（昭和六）三月二〇日　御陵線が開通
一九三三年（昭和八）八月一日　帝都電鉄渋谷－井の頭公園間開通
一九三四年（昭和九）四月一日　帝都電鉄井の頭公園－吉祥寺間開通
一九三八年（昭和一三）三月二一日　武蔵中央電気軌道の自動車事業を買収
　　　　　　　　　　　六月一日　武蔵中央電気軌道の横山車庫－高尾橋間を買収
一九四〇年（昭和一五）五月一日　小田原急行鉄道が帝都電鉄を合併
一九四二年（昭和一七）三月三一日　配電統制令により電力供給事業を関東配電に譲渡
一九四二年（昭和一七）五月一日　東京横浜電鉄が小田急電鉄、京浜電気鉄道を合併、東京横浜急行電鉄と改称
一九四四年（昭和一九）五月三一日　東京急行電鉄が京王電気軌道を合併
一九四五年（昭和二〇）一月二一日　御陵線を休止
　　　　　　　　　　　七月二四日　京王線起点を新宿駅青梅口（西口側）に移転
一九四七年（昭和二二）十二月二二日　京王閣を売却（四九年九月二四日に京王閣競輪場として開業）
　　　　　　　　　　　一二月二六日　東京急行電鉄から京王帝都電鉄の分離独立が決定
一九五四年（昭和二九）六月一〇日　平山城址公園が完成

一九五五年（昭和三〇）四月三日　京王遊園を調布市多摩川に開園
四月二九日　競馬場線（東府中－府中競馬正門前）が開通
一九五七年（昭和三二）三月一日　つつじヶ丘住宅地の販売開始
三月　百草園を京王が買収
一九五八年（昭和三三）五月五日　多摩動物公園が開園
一九六二年（昭和三七）四月一〇日　京王桜ヶ丘住宅地の分譲を開始
一九六三年（昭和三八）四月一日　京王線新宿駅の地下化完成
一二月一一日　東八王子駅を移転し、京王八王子駅と改称
一九六四年（昭和三九）四月二九日　多摩動物公園線（高幡不動－多摩動物公園）開通
六月七日　新宿－初台間地下線開通
一一月一日　京王百貨店新宿西口に開業
一九六五年（昭和四〇）七月一一日　駒場駅と東大前駅を統合し駒場東大前駅とする
一九六七年（昭和四二）一〇月一日　高尾線（北野－高尾山口）開通、同日京王めじろ台住宅地の予約販売を開始
一九七一年（昭和四六）四月一日　相模原線（京王多摩川－京王よみうりランド）開通
六月五日　京王プラザホテル本館開業
一九七四年（昭和四九）一〇月一八日　相模原線京王よみうりランド－京王多摩センター間開通
一九七八年（昭和五三）一〇月三一日　京王新線（新宿－笹塚）開通
一九八〇年（昭和五五）三月一六日　京王線・都営新宿線相互乗入れ開始（京王は岩本町まで）
一九八三年（昭和五八）七月一七日　初台－幡ヶ谷間地下化
一九八六年（昭和六一）三月二八日　京王百貨店聖蹟桜ヶ丘店開業
一九八八年（昭和六三）三月一四日　本社を新宿から聖蹟桜ヶ丘へ移転
五月二一日　相模原線（京王多摩センター－南大沢）開通
一九八九年（平成元）四月二日　京王八王子駅地下化完成
一九九〇年（平成二）三月三〇日　相模原線（南大沢－橋本）開通
一九九三年（平成五）三月一日　連続立体交差工事に伴い府中駅の新駅舎使用開始
一九九六年（平成八）三月　東京オペラシティ竣工
一九九八年（平成一〇）七月一日　社名を「京王電鉄株式会社」に変更
二〇一二年（平成二四）八月一九日　連続立体交差事業により調布駅地下化

## ［参考文献］

### （京王史全般に関わるものおよび第一章）

〈著作〉

井上篤太郎翁伝記刊行会『井上篤太郎』（一九五三年）
株式会社京王エージェンシー編『京王線・井の頭線 むかし物語 総集編』（京王電鉄株式会社広報部、二〇〇三年）
京王帝都電鉄株式会社総務部編『京王帝都電鉄30年史』（一九七八年）
京王電気軌道株式会社『京王電車回顧十五年』（野田正穂・原田勝正・青木栄一編『大正期鉄道資料第二集（11）』日本経済評論社、一九八三年所収）
京王電気軌道株式会社『京王電気軌道株式会社三十年史』（野田正穂・原田勝正・青木栄一編『大正期鉄道資料第二集第十巻』日本経済評論社、一九八三年所収）
京王電鉄株式会社広報部編『京王電鉄五十年史』（京王電鉄株式会社、一九九八年）
佐藤孝太郎監修・清水正之著『京王五十三次』（京王多摩文化会、一九六二年）
島原琢『鉄道事業経営研究試論 京王電鉄を中心として』（八朔社、二〇〇三年）
新宿歴史博物館編『特急電車と沿線風景～小田急・京王・西武のあゆみと地域の変遷～』（二〇〇一年）

関根治子・滝沢仁志『京王線歴史散歩』（鷹書房、一九九〇年）
多摩の交通と都市形成史研究会編『多摩　鉄道とまちづくりのあゆみⅠ』（古今書院、一九九五年）
名取紀之・高橋一嘉・新井正・青柳明・宇佐美健太郎編『京王の電車・バス一〇〇年のあゆみ』（株式会社ネコ・パブリッシング、二〇一三年）
野田正穂・原田勝正・青木栄一・老川慶喜『多摩の鉄道百年』（日本経済評論社、一九九三年）
広岡友紀『THE京王電鉄』（彩流社、二〇一五年）
村松功『京王電鉄まるごと探検』（JTBパブリッシング、二〇一二年）

〈論文等〉
今田保「京王相模原線の40年」（鉄道図書刊行会『鉄道ピクトリアル64（8）』二〇一四年所収）
内田登紀子「京王電軌軌道の初期における役員層と事業展開―電燈電力事業・本業・乗合自動車業」（学習院大学経済学研究科・経営学研究科『研究論集 第18巻第1号』二〇一〇年所収）
高嶋修一「京王電鉄の歴史的視点―京王電気軌道時代を中心として―」（鉄道図書刊行会『鉄道ピクトリアル53（7）』二〇〇三年所収）
藤田吾郎「京王の貨車の歩み」（鉄道図書刊行会『鉄道ピクトリアル53（7）』二〇〇三年所収）

（第二章）
有馬宏明『新宿大通り二八〇年』（新宿大通商店街振興組合、一九七七年）

京王百貨店二〇年史編纂委員会編『京王百貨店二〇年史』（株式会社京王百貨店、一九八四年）
新宿区編『新宿区史　第1巻』（一九九八年）
新宿区史編集委員会編『新修 新宿区史』（東京都新宿区役所、一九六七年）
新宿区役所『新宿区史』（新宿区役所、一九八八年）
新宿歴史博物館編『ステイション新宿』（一九九三年）
武英雄『内藤新宿昭和史』（株式会社紀伊國屋書店、一九九八年）
芳賀善次郎『新宿の今昔』（株式会社紀伊國屋書店、一九七〇年）

（第二章）

小泉嵩夫「《劇場都市》の創造を目指して―東京オペラシティプロジェクトの概要」（レジャー・マーケティングセンター『Report leisure 537号』一九九八年所収）
渋谷区教育委員会編『ふるさと渋谷の昔がたり第一集』（一九八七年）
渋谷区区制施行七〇周年記念事業準備会編『区制七〇周年記念　図説渋谷区史』（渋谷区、二〇〇三年）
東京都渋谷区役所企画室広報係編『渋谷は、いま』（東京都渋谷区役所、一九八二年）
東京都渋谷区立白根記念郷土文化館編『渋谷の玉川上水』（一九八五年）
辻野京子『まちの記憶 代々木上原駅周辺』（二〇〇三年）
堀切森之助編『幡ヶ谷郷土誌』（東京都渋谷区立渋谷図書館、一九七八年）

〈第四章〉

今津博・田中一亮『昔の代田　改訂版』（二〇〇八年）
上北沢桜上水郷土史編さん会『わたしたちの郷土』（一九七七年）
越沢明・栢山まどか『上北沢住宅地の歴史とまちづくり　プラニング・ヘリテージとしての旧北澤分譲地』（一般財団法人住宅生産振興財団、二〇一三年）
世田谷区生活文化部文化課編『ふるさと世田谷を語る　烏山・給田』（一九九七年）
世田谷区生活文化部文化課文化行政係編『ふるさと世田谷を語る 上北沢・桜上水・赤堤・松原』（一九九六年）
世田谷区総務部文化課文化行政係編『ふるさと世田谷を語る 粕谷・上祖師谷・千歳台・船橋・八幡山』（一九九五年）
徳富健次郎『みみずのたはこと（上）（下）』（岩波書店、一九三八年）

〈第五章〉

今津博・田中一亮『昔の代田 改訂版』（二〇〇八年）
大谷英之編『下北沢ものがたり』（株式会社シンコーミュージック・エンタテイメント、二〇一四年）
唐島実「久我山駅でみつけたロンドン」（『くがやま』NO.14、一九八二年、久我山書店）
公益財団法人東京動物園協会編『井の頭自然文化園の七〇年』（二〇一二年）

昭和史懇話会『わたしたちの昭和』（一九九〇年）
内藤祐作『高井戸の今昔と東京ゴミ戦争』（二〇〇五年、明るい生活社）
中村静尾「暗かった駅前通り」（『くがやま』NO.2、一九四五年、久我山書店）
秦十四雄「久我山の移りかわり」（『くがやま』NO.2、一九四五年、久我山書店）
秦暢三「戦前の久我山」（『くがやま』復刊NO.4、一九八一年、久我山書店）
森泰樹『杉並区史探訪』（杉並郷土史会、一九七四年）
森泰樹『杉並郷土史下巻』（一九八九年）

**（第六章）**

小野崎満・山岡博監修『ふるさと調布』（株式会社郷土出版、二〇一五年）
金井安子「理想の郊外住宅地から帝都防衛の基地へ―変貌する大正・昭和初期の調布市域―」（武蔵野文化協会『武蔵野』三五五号、二〇一六年）所収
菊池茂生「調布みたまま その3 大正中期－昭和初期」（調布史談会『調布史談会誌 第六号』一九七三年所収）。
竹内武雄『郷土の七十年』（啓明出版株式会社、一九七九年）
征矢実『調布と深大寺』（二〇一一年）
調布市市史編集委員会編『行政史料に見る調布の近代』（調布市、一九八六年）

調布市市史編集委員会編『調布の近現代史料 第一集』（調布市、一九九三年）
調布市市史編集委員会編『調布市史下巻』（調布市、一九九七年）
調布市市史編集委員会編『図説調布の歴史』（調布市、二〇〇〇年）
調布の戦前編集委員会編『調布の戦前』（調布史談会、二〇〇八年）
調布市役所『調布市百年史』（一九六八年）
野村乙二郎「調布・神代戦前戦後オムニバス－調布市域の今昔」（調布史談会『調布史談会誌 第二五号』一九九六年所収）
本多嘉一郎「調布映画村ことはじめ」（調布史談会『調布史談会誌 第十三号』一九八二年所収）

（第七章）

遠藤吉次『わが町の歴史・府中』（文一総合出版、一九八五年）
小澤幸治「『東京競馬場』が来た、馬が走った」（府中史談会『府中史談 第四二号』二〇一六年所収）
東京都府中市『府中市の歴史』（一九八三年）
東京都府中市史編さん委員会編『府中市史近代編資料集 第4集』（東京都府中市、一九七〇年）
東京都府中市史編さん委員会編『府中市史近代編資料集 第6集』（東京都府中市、一九七一年）
府中市教育委員会生涯学習部生涯学習課文化財担当編『新版 武蔵国府のまち 府中市の歴史』（府中市教育委員会、二〇〇六年）

府中市郷土の森博物館編『京王電車の開通と府中駅』（府中市郷土の森博物館ブックレット18、二〇一六年）
府中市史編さん委員会編『府中市史 中巻』（東京都府中市、一九七四年）
松本俊郎「震災復興期の東京府下朝鮮人労働者に関する人口・職業分析」（『岡山大学経済学会雑誌16（4）』一九八五年）
八木義浩「京王・玉南・京王帝都」（府中史談会『府中史談 第一四号』一九八八年所収）

**（第八章）**

多摩市史編集委員会『多摩市史 通史編二』（多摩市、二〇〇〇年）
多摩町誌編さん委員会『多摩町誌』（一九七〇年）
東京都南多摩新都市開発本部『多摩ニュータウン開発の歩み（第一編）』（一九八七年）
パルテノン多摩編『特別展 多摩・商店ことはじめ 商店の歴史と多摩ニュータウン』（二〇一一年）
横倉舜三『多摩丘陵のあけぼの（前篇）』（多摩ニュータウンタイムズ社、一九八八年）

**（第九章）**

稲城市『稲城市史 下巻』（稲城市、一九九一年）
稲城市教育委員会生涯学習課『稲城のあゆみ 改訂版』（稲城市教育委員会、二〇一二年）
『古賀政男 歌はわが友わが心』（日本図書センター、一九九九年）
菅町会『菅町会六〇年記念誌』（二〇〇七年）

角田益信『多摩川音頭余話』（昭和書院、一九九九年）
細野助博・中庭光彦編『オーラル・ヒストリー 多摩ニュータウン』（中央大学出版部、二〇一〇年）
よみうりランド社史編纂委員会『よみうりランド レジャーとともに四〇年』（株式会社よみうりランド、一九八九年）

（第一〇章）

朝倉康雅『ふるさと落川』（一九八三年）
日野市史編さん委員会『日野市史史料集 近代3 産業・経済編』（一九八二年）
日野市史編さん委員会『日野市史 別巻 市史余話』（一九九〇年）
日野市史編さん委員会『日野市史 通史編四 近代（二）現代』（一九九八年）
日野の昭和史を綴る会『聞き書き・日野の昭和史を綴る』（日野市中央公民館、一九九四年）
ひらやま探検隊編『平山をさぐる 鮫陵源とその時代』（日野市生活課、一九九四年）
七生村誌編纂委員会『七生村誌』（一九六三年）
森久保憲治『高幡風土記』（二〇一〇年）

（第一一章）

青木助三『三軒在家むかしといま』（一九八三年）
旭町史編集委員会『旭町史』（旭町町会・八王子駅北口商店会）一九八八年）

倉持順一「多摩ニュータウン開発にともなう京王相模原敷設問題」（『多摩ニュータウン研究No.9』二〇〇七年所収）
清水正之『八王子 長沼町・北野町わが街』（一九八七年）
清水正之『八王子 明神町わが街』（一九八〇年）
清水正之『八王子 山田町わが街』（一九八五年）
立川秋雄『古里をたずねて』（二〇一三年）
町会誌編集委員会『明神町いま昔 明神町三丁目町会町会誌』（一九九八年）
都市整備公団南多摩開発局『多摩ニュータウン事業概要』（一九九〇年）
八王子市教育委員会編『ふるさとを語る—明治・大正・昭和の千人町』（一九八一年）
八王子市史編集委員会『新八王子市史 資料編6 近現代2』（八王子市、二〇一四年）
八王子市市史編集委員会『新八王子市史 通史編5 近現代（上）』（八王子市、二〇一六年）
八王子市立散田小学校PTA『地域誌 散田とその周辺』（散田小学校記念誌出版会、一九八五年）
山口悠「高尾山ケーブルカーの建設」（『八王子市史研究 第2号』二〇一二年所収）

**永江　雅和**（ながえ　まさかず）

1970年生まれ。専修大学教授。
一橋大学経済学部卒、同大経済学研究科後期
博士課程単位取得退学。博士（経済学）。

**論文・編著書**

〈著書〉
『食糧供出制度の研究』日本経済評論社、2013年
『小田急沿線の近現代史』クロスカルチャー出版、2016年
〈論文〉
「世田谷区の農地転用と農業委員会1960～1975」
（東京大学社会科学研究所『社會科學研究』58／3·4号）2007年
「向ヶ丘遊園の経営史－電鉄会社付帯事業としての遊園地業－」
（専修大学社会科学研究所『社会科学年報』第42号）2008年
「私鉄会社による路線·駅舎用地買収と地域社会－小田原急行鉄道㈱の事例」
（専修大学経済学会『専修経済学論集』48／2号）2013年
共著「よみうりランドと川崎市戦災復興事業－戦後レジャー会社と地方競馬」
（専修大学社会科学研究所『社会科学年報』48）2014年など。

**京王沿線の近現代史**　　CPC リブレ No.6

2017年4月15日　第1刷発行

著　者　永江雅和
発行者　川角功成
発行所　有限会社　クロスカルチャー出版
〒101-0064　東京都千代田区猿楽町 2-7-6
電話 03-5577-6707　FAX 03-5577-6708
http://crosscul.com
装　幀　永江智明
印刷・製本　石川特殊特急製本株式会社


ISBN 978-4-908823-15-2 C0021 Printed in Japan

## クロスカルチャー出版主催・文化講演会開催

第１回　演題　**『図書館に訊け！と訴える』**
　　　　講師　井上真琴（大学コンソーシアム京都副事務局長）
2009年11月７日開催

第２回　演題　**『詩人西脇順三郎を語る』**
　　　　講師　澤　正宏（福島大学教授／近現代文学）
2010年５月８日開催

第３回　演題　**『江戸時代を考える―鎖国と農業』**
　　　　講師　矢嶋道文（関東学院大学教授／比較文化史）
2010年11月20日開催

第４回　演題　**『移動・文化的接触：雑誌「平和」をつくる人びと―日本・アメリカ・イギリスとの交流―』**
　　　　講師　坂口満宏（京都女子大学教授／文化史）
2011年５月28日開催

第５回　演題　**『日米の架け橋―シカゴ流よもやま話』**
　　　　講師　奥泉栄三郎（シカゴ大学図書館日本研究上席司書）
2011年11月12日開催

第６回　演題　**『今 原発を考える―フクシマからの発言』**
　　　　講師　安田純治（弁護士）・澤　正宏（福島大学教授）
2012年６月16日開催

第７回　演題　**『危機に立つ教育委員会』**
　　　　講師　高橋寛人（横浜市立大学教授／教育行政学）
2012年12月８日開催

第８回　演題　**『慰安婦問題』**
　　　　講師　林　博史（関東学院大学教授／政治学）
2013年７月13日開催

第９回　演題　**『徳川時代の平和』**
　　　　講師　落合　功（青山学院大学教授／日本経済史）
2014年７月19日開催

第10回　演題　**『学問と教育の危機』―文系廃止問題の本質**
　　　　講師　光本　滋（北海道大学准教授／高等教育論）
2016年７月９日開催

第11回　演題　**『魅惑の鉄道物語』―小田急・京王沿線の近現代史（仮題）**
　　　　講師　永江雅和（専修大学教授）　2017年７月15日開催

（敬称略。講師肩書きは講演会開催当時のものです）

---

小社では講師を招き文化講演会を開催しております。詳細は小社ホームページをご覧下さい。（http://crosscul.com）

---

# 好評既刊

## エコーする〈知〉 CPCリブレ シリーズ

A5判・各巻本体1,200円
No.1〜No.4

Crossculture Publishing Company Ltd.

No.1　福島原発を考える最適の書!!

### 今 原発を考える−フクシマからの発言

●安田純治（弁護士・元福島原発訴訟弁護団長）
●澤　正宏（福島大学名誉教授）
ISBN978-4-905388-74-6

3.11直後の福島原発の事故の状況を、約40年前すでに警告していた。原発問題を考えるための必備の書。書き下ろし「原発事故後の福島の現在」を新たに収録した〈改訂新装版〉

No.2　今問題の教育委員会がよくわかる、新聞・雑誌等で話題の書。学生にも最適!

### 危機に立つ教育委員会　教育の本質と公安委員会との比較から教育委員会を考える

●高橋寛人（横浜市立大学教授）
ISBN978-4-905388-71-5

教育行政学の専門家が、教育の本質と関わり、公安委員会との比較を通じてやさしく解説。この1冊を読めば、教育委員会の仕組み・歴史、そして意義と役割がよくわかる。年表、参考文献付。

No.3

### 21世紀の西脇順三郎 今語り継ぐ詩的冒険

●澤　正宏（福島大学名誉教授）
ISBN978-4-905388-81-4

ノーベル文学賞の候補に6度も挙がった詩人西脇順三郎。西脇研究の第一人者が明解にせまる、講演と論考。

No.4　国立大学の大再編の中、警鐘を鳴らす1冊!

### 危機に立つ国立大学

●光本　滋（北海道大学准教授）
ISBN978-4-905388-99-9

国立大学の組織運営と財政の問題を歴史的に検証し、国立大学の現状分析と危機打開の方向を探る。法人化以後の国立大学の変質がよくわかる、いま必読の書。

No.5　いま小田急沿線史がおもしろい!!

### 小田急沿線の近現代史

●永江雅和（専修大学教授）
●A5判・本体1,800円+税　ISBN978-4-905388-83-8

鉄道からみた明治、大正、昭和地域開発史。鉄道開発の醍醐味が<人>と<土地>を通じて味わえる、今注目の一冊。

## Cross-cultural Studies Series クロス文化学叢書

Crossculture Publishing Company Ltd.

### 第1巻　互恵と国際交流

●編集責任　矢嶋道文（関東学院大学教授）
●A5判・上製・総430頁　●本体4,500円+税　ISBN978-4-905388-80-7

キーワードで読み解く〈社会・経済・文化史〉15人の研究者による珠玉の論考。用語解説を付して分かり易く、かつ読み易く書かれた国際交流史。グローバル化が進む中、新たな視点で歴史を繙き、21世紀における「レシプロシティーと国際交流」のあるべき姿を探る。いま注目の書。

### 第2巻　メディア−移民をつなぐ、移民がつなぐ

●編集　河原典史（立命館大学教授）・日比嘉高（名古屋大学准教授）
●A5判・上製・総420頁　●本体3,700円+税　ISBN978-4-905388-82-1

移民メディアを横断的に考察した新機軸の論集　新進気鋭の研究者を中心にした移民研究の最前線。メディアは何を伝えたか−。新聞・雑誌以外の多岐にわたるメディアも取り上げた画期的なアプローチ、広い意味での文化論の領域においての考察、移動する人と人をつなぐ視点に注目した16人の研究者による珠玉の論考。